基金项目：2022 年湖南省社科评审委课题《"双碳路径选择与效率评价研究》编号（XSP2023JJC035)

低碳农业经济发展模式与对策研究

陶　喆◎著

吉林大学出版社

·长春·

图书在版编目（CIP）数据

低碳农业经济发展模式与对策研究 / 陶喆著 . -- 长

春 : 吉林大学出版社 , 2024.3

ISBN 978-7-5768-1879-6

Ⅰ . ①低… Ⅱ . ①陶… Ⅲ . ①农业经济 – 低碳经济 –

研究 – 中国 Ⅳ . ① F32

中国国家版本馆 CIP 数据核字 (2023) 第 133279 号

书　　名	低碳农业经济发展模式与对策研究
	DITAN NONGYE JINGJI FAZHAN MOSHI YU DUICE YANJIU
作　　者	陶　喆　著
策划编辑	殷丽爽
责任编辑	殷丽爽
责任校对	李适存
装帧设计	守正文化
出版发行	吉林大学出版社
社　　址	长春市人民大街 4059 号
邮政编码	130021
发行电话	0431–89580028/29/21
网　　址	http: / / www. jlup. com. cn
电子邮箱	jldxcbs@ sina. com
印　　刷	天津和萱印刷有限公司
开　　本	787mm × 1092mm　 1/16
印　　张	11.75
字　　数	200 千字
版　　次	2024 年 3 月　第 1 版
印　　次	2024 年 3 月　第 1 次
书　　号	ISBN 978-7-5768-1879-6
定　　价	72.00 元

作者简介

陶喆，女，1987年6月出生，江西省吉安市人，为中国民族学学会会员，湖南省妇女儿童研究中心成员，湖南省青年骨干教师、湖南省财政厅采购评审专家、湖南省政府综合评标专家、长沙市科技局科技评审专家。毕业于湖南科技大学，博士研究生学历，现任长沙师范学院讲师，经济师。研究方向：城乡共同富裕和绿色发展问题。主持省级以上课题3项、市重点课题1项，参研国家社科重大项目2项，以第一作者在SCI、CSSCI、CSCD等期刊发表高水平论文14篇。

前　言

　　全球变暖是全球气候变化的一个显著特征，在这样的大背景下，全球社会、经济和环境的可持续发展面临的挑战十分严峻。当前，各个国家及公共组织对温室气体碳减排逐步达成共识，为了应对人类共同的气候变化及其影响问题。世界各个机构和组织之间相互协作、不断深入的国际行动将会越来越多，国际上很多关于发展低碳经济的思路和模式将会受到更多的关注和推广，这也将成为今后一段时间内引领世界各行业、各领域发展改革的方向。对于我国这样的传统农业大国而言，发展低碳农业经济是当前我国农业领域在气候变暖这样的大背景下应对碳减排的重要措施。近几十年来，我国新型农业发展和新农村建设所取得的成就令全世界惊讶和关注，但在现代农业发展过程中，同样存在大量的能耗过程，不可避免地出现温室气体碳排放增加等现象。因此，在全球倡导发展低碳经济的大背景下，弄清我国低碳农业发展的真实情况和现实问题，探索适合我国及各大区域的低碳农业经济发展模式是十分必要的。

　　本书共八章内容。第一章为低碳农业经济概论，介绍了低碳农业经济提出的背景及其概念、低碳农业经济的特征与功能、低碳经济与低碳农业、发展低碳农业经济的意义与作用，以及低碳农业经济与其他农业形态的关系；第二章为低碳农业经济发展的基础，主要论述了低碳农业经济发展的理论基础和低碳农业经济发展的现实基础；第三章为中国低碳农业经济总体规划与目标，内容包括中国低碳农业经济的总体规划、中国低碳农业经济的远景目标和中国低碳农业经济的主要内容；第四章为我国低碳农业经济发展状况，分析了广义低碳农业经济指数的变化、农业中种植业的低碳经济水平、农业中畜牧业的碳生产力水平和阻碍我国低碳农业发展的因素分析；第五章为中国低碳农业经济测度、特征分析与效率研究，介绍了中国农业碳排放 / 碳汇测度、中国农业碳排放 / 碳汇时空特征分析以及中国低碳农业生产率研究；第六章为低碳农业经济发展模式与技术，分别介绍了种（植）养（殖）空间立体结构生态系统模式与技术、农业资源节约与物质循环利用系统模式与技术、农家庭院绿色低碳循环农业模式与技术及绿色休闲农业与农业科技（生态）产业园区模式及技术；第七章为国外低碳农业经济发展的经验与启示，主要阐述了国外低碳农业经济发展的经验和国外低碳农业经济发展对中国的启示；第八章为推进中国低碳农业经济发展的对策建议，主要内容包括农业技术和低碳农业技术体系、市场激励型环境规制和农业生态补偿、完善低碳农业发展的政策保障体系、利用碳金融助力低碳农业发展及构建有利于低碳农业发展的机制体制。

在撰写本书的过程中，作者得到了许多专家学者的帮助和指导，参考了大量的学术文献，在此表示真诚的感谢。由于作者水平有限，书中难免会有疏漏之处，希望广大同行及时指正。

陶喆

2023 年 1 月

目　录

第三篇 低碳农业经济政策篇

第一篇

低碳农业经济理论篇

第一章　低碳农业经济概论

低碳农业属于国民经济基础产业之一，在推进全球气体循环的大工程中发挥着十分重要的作用。它既是碳汇作用的关键环节，也是温室气体的排放源。本章主要内容为低碳农业经济概论，主要介绍了低碳农业经济提出的背景及其概念、低碳农业经济的特征与功能、低碳经济与低碳农业、发展低碳农业经济的意义与作用，以及低碳农业经济与其他农业形态的关系。

第一节　低碳农业经济提出的背景及其概念

一、低碳农业经济提出的背景

人类生存和繁衍在耗费能源的同时，也将对环境有害的废渣、废气和废水排入自然界。在全球气候变暖的趋势下，这种消耗将越来越大，对生态环境产生的影响也会越来越深远。当人们对能源与资源进行利用时，会产生大量的二氧化碳，导致温室效应，进而引发一系列的环境问题。随着经济的发展和人口的增加，二氧化碳的排放量不断上升，全球变暖已成为不争的事实。之所以出现二氧化碳的高排放，除了工业和城市，高碳农业也是原因之一。在发达国家，由于气候变暖引起的全球气温上升已经成为威胁经济发展的重要因素之一，而这一现象将越来越明显地反映到农产品生产领域中去。农业是国民经济基础产业，也是温室气体的诱因之一，它本身也会因温室效应而发生各种负面变化。

农业生产是温室气体的主要排放源之一。农业温室气体排放，主要是指甲烷、氮氧化物、二氧化碳等气体的排放。一方面，现代农业生产消耗了大量的能源，并排放了大量的温室气体。另一方面，在农业生产过程中也排放了大量的温室气体。比如，化肥、农药和农用薄膜等农用产品的生产过程需要消耗大量石油、天然气等能源，排放大量温室气体。如果其不当使用，不但会带来农业污染及土壤的退化，还会加剧温室效应的形成，影响农业的可持续发展。此外，农业中的播种、耕作、灌溉、加工等工序都需要农业机械才能高效完成，不论哪一个环节，都要消耗很多能源，并产生、排放很多温室气体。再如，农业生产过程中不合理的耕作造成的毁林开荒、草场退化、土地沙化等，无异于把森林和草场等碳库中的二氧化碳释放出来，引起大气中二氧化碳浓度的增高，加剧了温室效应。根据联合国政府气候变化专门委员会的第四次评估报告，温室气体的主要排放源是农业生产，全世界范围内，农业排放的甲烷量在人类活动产生的甲烷排放总量中占比达 50%，氮氧化物占比达 60%。按照联合国粮农组织的最新调查，耕地产生的温室气体排放量可谓相当大，在占比上已将超过全球人类活动排放总量的 30%，换算成数值大约 150 亿吨。[①] 这足以证明，农业生产活动是全球气候变暖的主要元凶之一。

不可否认，农业是温室气体的主要排放源，温室效应的加剧无疑会对农业的生产和发展产生重大的影响，但也应认识到，农业温室气体减排的潜力巨大。农业是最重要的碳汇，具备碳汇特征、碳排放源（碳源）特征，在对农业碳汇功能进行充分开发与利用的基础上，我们可以将农业视作发展低碳经济的最佳入手点。相比低碳经济，低碳农业在发展内容与前景上更具优势。按照联合国政府间气候变化专门委员会的调查，全球陆地生态系统的总碳储量 2.48 万亿吨，其中贮存在森林生态系统中的碳储量达 1.15 万亿吨。[②] 土壤不仅是实现农业生产最基础的资源，也是碳素重要贮存库与转化器，土壤有机质为其贮存方式，土壤拥有整个生物圈的四分之三的有机碳量。土壤固碳能力强、潜力大，对减缓气候变化具有积极作用。《京都议定书》《联合国气候变化框架公约》所列举的减排措施里，农业土壤固碳是十分重要的。目前，我国农业在发展过程中面临着严重的土壤退化问题，不合理使用化肥、滥用农药及耕作方式不合理都是其影响因素。所以，在不断加大低碳农业发展力度的同时，我们要大力宣扬科学的农业措施，增加农田土壤中碳的储存量，为其向碳汇转变打好基础，这也有利于缓解全球气候变暖。

---

① 杨中柱 . 发展低碳农业与建设两型社会的战略思考 [J]. 改革与开放，2011（5）：7-9.
② 李国栋，张俊华，陈聪，等 . 气候变化背景下中国陆地生态系统碳储量及碳通量研究进展 [J]. 生态环境学报，2013，22（5）：873-878.

二、低碳农业经济的概念与内涵

与传统农业有所区别，低碳农业是以低碳经济为背景的新型农业发展模式。当下，关于"低碳农业"，国内学界尚未给出统一的标准概念，笔者就低碳农业的科学概念与实际内涵进行了相应的研究。

（一）在农业的气体排放上界定

就农业在温室气体排放总量中所占份额而言，农业和碳排放之间有着非常紧密的联系，对农业进行调整，是改善空气碳排放量的有效途径之一。在这种关系中，低碳农业可以通过增强农业固汇功能、降低农业碳源功能的方式，降低农业中温室气体输出量。

从实质上看，碳源主要来自农业。在以工业文明为主要特征的现代农业里，存在很多化学物质与不科学耕作、人工养殖及废弃物处理等问题依然大量存在，这些都是农业生产过程中产生大量碳排放的原因。这类具有能耗高、污染大、排放量高等特征的化学农业，会排放出大量温室气体，如 CH_4、CO_2 及 N_2O。举例来说，中国单位耕地面积的化肥平均施用量达 434.3 千克 / 公顷，是化肥施用安全上限的 1.93 倍，但其利用率仅为 40%；农药平均施用量为 13.4 千克 / 公顷，其中高毒农药占 70%，有 60%～70% 残留在土壤中[①]。

国内有学者经研究发现，我国农业领域排放的大量的温室气体中，其中最主要的缘由是对耕地的不恰当利用，造成土壤中有机质含量降低，土壤的固碳功能衰竭，进而导致大量的碳排放到空气中，形成温室气体。此外，处理农业废弃废物时不够合理，也会导致农业温室气体排放量的提升。农业生产中产生大量的有机物和无机物，在土壤、水、空气等环境介质中被分解或转化，释放出各种温室气体。据估算，世界上每年燃烧的生物碳高达 3.1GT，其中直接进入大气圈的二氧化碳高达 1.1GT。因此，如果不能很好地解决这个问题，人类所面临着气候变暖和能源危机等一系列环境与发展的局势将会更加严峻。另外，养殖业废弃物（以粪便为主）造成的甲烷排放也不容忽视。

低碳经济的实质是统筹行业内各个部门，使其分工合作，尽各自所能降低温室气体排放，让"低排"与经济协调发展。低碳农业作为一种全新的可持续发展

---

① 蒋高明 . 发展生态循环农业，培育土壤碳库 [J]. 绿叶，2009，（12）：7.

模式，其产生和发展是未来社会发展必然的趋势，在对其大力发展的前提下，降低农业中温室气体排放量、强化低碳农业的经济价值，能够有效促进高碳农业向低碳农业的转变过渡。

（二）在农业的功能性上界定

低碳农业不仅要保证其自身具备一定的经济效益，还要确保它能满足人们日益增长的需求。低碳农业可以减少温室气体排放，保护生态环境。与传统的化学农业有所区别，低碳农业依据低碳生产经营模式与方式，提高农业生产的总量，不仅可以帮助农民增加收入，还可以促使农业作为碳汇库，充当改善环境的重要角色，进而推动农业的可持续发展。此外，面对不断发展的社会需求，我们要转变经济增长方式，调整产业结构，大力发展低碳产业，以应对全球气候变化的挑战。在低碳农业的实施与普及下，世界粮食安全与经济发展模式将会更加完善，前景会更加光明。

农业的社会生态功能主要用于处理世界第二代环境问题和我国的"三农问题"。农业所具备的社会性特征，具体表现为以农业产业生存与发展的广大农民。作为农业产业的直接参与者，农民的收入水平能够反映农业的社会性水平。让农业碳汇各个部门发挥增汇固碳效用，是使农业的社会生态功能得以发挥的必要基础，只有这样才能实现对农村生态环境的优化与温室气体的有效缩减。低碳农业是在传统农业发展基础上形成的新型农业形态，它以低能耗、高产出为基本特征，能够在很大程度上促进经济、社会与环境之间的可持续和谐发展。此外，农业通过多种筹资、投资途径，可以构建节能减排低碳生产机制，促进农业的现代化发展。相应的，要构建新的低碳贸易体系，像低碳休闲旅游这种措施，可以显著提高农民的收入水平。农业领域低碳技术的使用，可以降低农业在化学领域的投资比例，使农业废弃资源得到循环利用，有效降低农业在环境领域的压力，同时改善农村生产环境与生活环境，使农业生态平衡变得更加稳固。此外，由于农业天生具有传承功能的优势，因此低碳农业也能促进生态文明。低碳农业既传承了传统农业的经济功能，又具备工业时代现代农业所缺少的社会生态功能，是一种全新的农业模式，这种模式在遵循自然规律的基础上，以尽可能少的资源消耗、尽可能小的环境污染来生产出人类需要的产品或服务。这种开发前景好、再生性强的农业新模式，能够有效促进农业产业的长久发展。

（三）在农业的内涵要素上界定

就低碳农业的内涵因素而言，低碳农业作为资源节约型、环境友好型的农业模式，不仅具备循环农业的要素，而且还符合生态农业的发展规律。循环农业与生态农业已具备成熟的发展格局，而低碳农业正是以此为背景，与低碳理念进行融合，通过降低化学要素的投入比例，加大对现有资源循环利用的力度，促使农业循环发展，然后经由必要的生态农业手段，降低温室气体排放量，并有效控制农业面源污染范围。也可以说，低碳农业是一种生态经济系统的运作方式，是一个可持续发展的过程。我们可以认为，低碳农业是一种新型农业，它将循环农业与生态农业结合成一个整体，与循环农业、生态农业在本质上具有一致性。

低碳农业具有低排放、低污染和固碳减源的特点，能够直接推动生态环境的净化与自然的可持续发展。同时，低碳农业属于资源节约型的农业，能耗低、投入少、产出多。从本质上看，它可以使农业资源的利用率、农产品产出率得到提高。简单地讲，低碳农业就是以节约资源和能源为基础的一种新型农业经济形态。尽管在相当长的一段时间里，传统现代农业一直是农业的主流发展模式，但不容忽视的是，我们把更多资源、资金投入传统现代农业，会造成高污染、高耗能的结果。所以，为了使我国的农业走上绿色健康之路，必须改变目前的传统式农业模式，建立一个新型的生态农业模式。要改变这一农业模式，所要遵循的思路是对投资进行"减量"，使得生产过程更为"循环"，并在消耗上实现"资源化"，提高资源利用效率，提高农业的产出效益。

（四）在农业生产的总过程界定

纵观整个农业生产过程而言，低碳农业的实质是从输入到输出。低碳化投入的缘由是低碳农业需要削减化学物质投入比，尽量发挥农业自身所拥有的生物低碳元素的作用。从生产的角度来看，低碳农业实现了农业废弃地资源的回收和再利用，同时构建出种植与生态养殖的立体模式。投产后，可以运用多种低碳工艺，资源化处理包括秸秆、粪便在内的农业废弃物，从而降低对于空气环境造成的污染，并且也可以对各种工艺产物进行再次利用。因此，低碳经济为农业明确了新的发展任务，低碳农业还使农产品获得全新的、无限循环的生命周期，只要保证各个环节都能实现低碳，农业将变成可持续发展性极强的新型农业。同时，在低碳农业中，人们对传统农业技术和方法的改进，使其更加适应现代低碳生活模式，并将其融入现代农业的整体流生产程中。在生命周期的每一个阶段里，农产品都在进行节能减排，这使得资源利用率得以显著提高，环境问题也有所改善。

综上所述，低碳农业的内涵主要包括三点。第一，间接减排，主要表现为农业生产依赖对农药、机械、化肥等工业产品的使用；第二，直接减排，主要表现为农业生产中动物排放与不够科学的生产方式所带来的农业废弃物，以及焚烧薪柴、焚烧秸秆带来的排放；第三，植物、森林植被、土壤等的碳汇减排。从这个意义上说，低碳农业作为一种新型农业经济模式，具有低能耗、低排放、低污染、以碳汇转化为主等特征，主要表现为最大限度地减少农业生产过程中化肥、农药的使用量，缩减农业生产机械的使用占比，并以森林植被、植物及其他碳汇作用，减少农业耗能排放量，弥补农业生产方式与生活方式中的缺陷，从而有效降低温室气体排放量，秉持"效率高、品质好、产量高"的发展原则，最大限度地提高农业生产的整体效率与效益水平。这一界定，主要着眼的是控制农业温室气体的排放、合理利用温室气体，其核心作用就是改善全球的气候水平，其实施途径为农业领域的节能减排技术推广、生物质能源与可再生能源的发展。因此，在推动现代农业发展过程中，要通过对生态农业和有机农业、循环农业的大力发展，大力普及农业领域的低碳技术。

第二节　低碳农业经济的特征与功能

农业是温室气体的重要来源，低碳农业强调在解决粮食安全的同时，还必须消除对气候变化的不良影响。传统农业是一种高碳农业，以石油驱动的机械为主要动力，以化肥和农药作为主要投入品，造成土壤退化、农业生物多样性减少等问题。因此，低碳农业才应该是现代农业发展的应有模式。

一、低碳农业经济的特征

（一）低投入、低排放、低污染的环境友好型农业

在现代农业中，提高农业生产力往往以增大化肥与农药的投入为主，过量农

业化学物质的使用、过度放牧、动植物品质同质化、基因工程技术的使用等都严重破坏了农业环境的原有生态平衡，进而导致农村生态系统遭到破坏，还对农业生产力造成了负面影响，超标的化肥与农药严重污染了农村的生产生活环境。近年来，我国的土地荒漠化问题十分严重，这给我国经济发展带来很大困难。首先，因土壤及植被的破坏式使用，滑坡、泥石流及其他自然灾害时有发生，农业环境与农村环境安全风险显著上升，大量使用的农药和化肥导致农作物中残留有过量的有毒物质，直接危害人们的身体健康；其次，在土壤生产质量不断变差的情况下，农业经济效益每况愈下。

要想开展低碳农业，就必须在输入端对作物所需化学物质的投入量进行合理规划，在使用上既不能过量施用化肥和农药，也不能滥用化肥、农药。条件许可时，要力求使用无污染、可再生有机肥与生物制剂。同时，要注意保护耕地资源和环境，提高土地利用效率，发展节水型农业和节水农业，以达到可持续发展的目的。在进行生产时，应最大限度地减少农业残留物质排放，从循环经济这一原则出发，对部分废弃物进行循环利用，有效控制温室气体排放。

低排放、低投入、低污染是低碳化农业的显著特征。低碳农业的目的就是降低大气中的温室气体，并通过降低碳排放、增汇固碳为手段发展农业。农业体系要求科学安排各种生物在特定体系内顺畅流通、重复使用，使农业生态系统自身的调节作用发挥到极致，进而确保农业生产和农村环境协调发展、不断前进。

（二）低消耗、高效益、可持续的资源节约型农业

以低能耗、高效益为主要特征的低碳农业，具备很强的可持续发展前景。目前，我国存在着严重的资源短缺与不科学开采利用的问题，所以要尽可能地减少对非可再生资源的损害式使用，并大力发展低碳化的农业生产经营形式。此外，要对新能源进行合理开发，大力发展循环农业，提高资源的循环利用率，大力促进农业基础设施建设与发展，推动农业产业结构调整，并引进高效耕作技术，努力降低资源的耗费，最大限度地提高农业的整体产出效益。还要结合我国国情，发掘构建低碳农业体系的具体途径其主要目的是一方面降低能耗，另一方面提高农民收入。

综上所述，低碳农业主打低能耗、高效益、可持续。在此背景下，我国传统

农业必须进行产业结构调整和技术创新，这样才能适应新时期经济社会发展对农业提出的要求。低碳农业谋求最大限度地保护与合理开发利用农业资源，并通过农业技术的变革，将大力发展农村经济、协调城乡关系为核心任务。低碳农业以开发新能源、循环利用现有资源为入手点，旨在为农业生产的可持续发展提供保障。在我国目前能源紧缺的背景下，发展低碳农业可以有效缓解能源危机问题。

（三）以科技为支撑，管理为保障的科技型农业

农业发展、农业科技发展、农业产业管理之间存在着紧密联系。现代农业的建设是一项复杂而又艰巨的任务。与农业发达国家相比，我国农业科技仍处于比较落后的地位，改变农业科技落后状况可谓势在必行。要想增强中国农业及农产品在世界范围内的市场影响力，就要引进足够先进的农业生产技术与设备，同时要对国外现代化农业发展经验加以借鉴与学习，从我国国情实际出发，为实现农业现代化探索出一条可行途径。

低碳农业是一种高新技术农业，能够大幅度提升我国农业及农产品的市场竞争力。低碳农业以技术创新、科学经营管理为依据，能够改变农业生产方式和农民生活方式。低碳农业在全球范围内已成为一种新趋势，在发展低碳农业过程中，第一，要对技术、体制、管理进行把握，以免农业生产造成环境损害，并改善农业生态环境质量，使农用资源得到可持续利用，确保食品安全，维护人民群众身体健康；第二，要针对中国特色农业，构建成熟的管理机制，从我国的实际国情出发，引进先进技术，统筹规划，确保在新的产业模式里，资源、人口、环境之间能够相辅相成、共同发展。

当科技、管理水平足够高时，低碳农业的价值会得到显著提升，这对于农业整体效益的提高、农村的整体发展及农民收入的增加都是十分有好处的。可以说，低碳农业以科技为支撑、以管理为保障，是统筹发展、全方位均衡的科技型农业模式。

（四）足够绿色、足够健康的安全型农业

低碳农业的最终目标降低农业碳排放，它以降低石化能源投入量为典型模式，力求农业生态系统维持平衡与高效输出。换句话说，低碳农业通过先进技术，提高农业资源利用率，增加农业废弃物资源化利用效率，以达到节能减排、改善环

境的目的，实现可持续发展的目标。从低碳农业投入方面看，将传统石化能源替换为生物有机质，发挥自然细菌分解功能，让复杂有机物转化为简单无机物，从而控制生产过程对农产品造成的破坏。低碳农业能确保农产品数量安全、质量安全，并使得所制造的农产品无污染，更加绿色健康。农产品安全是低碳农业发展的前提和基础。农业消费水平的高低取决于农业生产水平，以低碳投入产出为前提，生产绿色健康农产品，是农产品市场安全强有力的保证，同时也能转变人们消费模式与消费思维，有实际意义地普及低碳生活。

因此，在低碳农业中，无机投入被有机投入所取代，人工石化添加被自然生态调节所取代，也可以证明低碳农业是安全型农业，是绿色农业、健康农业。

二、低碳农业经济的功能

与生态农业、特色农业相比，低碳农业实现农业发展的具体形式比较特殊。低碳农业作为一种现代农业模式，其大力推广农业领域节能减排技术，目的是改善全球生态华景与气候条件，兼顾生物质能源、可再生能源的长久发展，具备低能耗特征、低排放特征、低污染特征，涵盖安全保障、农业生产、生态涵养、气候调节、农村金融等多种功能。低碳农业是现代农业的重要组成部分，对推动我国农业转型升级、促进城乡经济社会协调发展、推进社会主义现代化建设具有重要意义。低碳农业具备五种功能，具体如下。

（一）农业生产功能

农业作为维系国民经济建设和发展的基础产业，是国民经济与其他部门的粮食、工业原料、副食品、资金及出口物资的重要来源之一，其中生产环节发挥最为根本的作用。在全球气候变暖背景下，我国经济快速发展对资源环境带来巨大压力，传统农业已难以持续稳定地支持经济发展。低碳农业的兴起，实现了农业生产方式的改变与农业结构的调整，不仅可以为农作物的高产稳产提供保障，也没有对全球气候造成负面影响。我国农业在过去几十年取得了很大进步，但由于长期的高投入与粗放式经营，导致生态环境恶化，资源消耗过大，农产品质量迟迟无法获得提升，而低碳农业最本质的功能就是可持续发展的农业生产与生活。

（二）安全保障功能

所谓农业安全，就是采取切实有效的手段，为农业作为国民经济基础产业提供保障，并让农业的可持续发展有所依据。农业是国民经济的基础性行业和最重要的食物来源之一，其发展状况直接关系整个社会经济的稳定与繁荣。农业对国民经济起着基础性作用，对于国家经济安全与农业安全都极为重要。农业安全不仅关系农民生活水平的提高和农村社会稳定，而且也影响着整个国民经济的健康快速发展。就我国当前农业发展情况而言，农业生态环境的退化程度与粮食安全和警戒线已经十分接近，农业生产体系与农产品质量安全需求增长不相适应的问题愈发突出。因此，必须加快让农业生产体系趋向资源节约、环境友好型发展，并采用节能减排技术、开发生物质能源等方式，优化农业整体生态环境，增强农产品的国际市场竞争力，确保农业安全。

（三）气候调节功能

农业在提供人类食物来源方面发挥了重要作用，同时也带来许多环境问题。第一，农业的劳动对象主要是动物与植物，不论是养殖业、畜牧业的发展，还是毁草开垦、毁林开荒，都会损害森林与草场，导致植物光合作用二氧化碳吸收量下降，使遭到破坏的林木在燃烧或腐解后，向大气排放出更多的二氧化碳。第二，人类社会经济活动导致了温室气体排放增多，从而使温室效应加剧，并引发一系列生态问题。低碳农业的发展，核心效用是改善世界范围内的气候条件，它主张削减化石燃料的使用量，强调大力发展循环农业和立体农业，进而缓解农业生产带来的全球变暖的压力。

（四）生态涵养功能

农业生态涵养功能表现为控制农业污染、优化农业生态环境、促进自然生态资源保护。湿地的固碳功能较强，可净化水源、降低污染，而它本身就属于生态景观。低碳农业可以通过湿地开发，协调农业生产，涵养整个生态。例如，对农业生产、农村生活排放的废水来说，我们可以在靠近农田污水集中地的周边栽种良性水生植物，也可设立小型自然湿地，或在位于村镇污水汇集的地方，针对地形特征选择适宜水生植物，开发中型生态湿地，这样不仅可以降低面源的污染，还可以让水资源得到有效保护。

（五）农业金融功能

与其他类型的农业形态相比，低碳农业具备资金融通功能，也就是说，发展低碳农业，削减的碳排放量可被用于市场交易，可以让交易方在节能减排的基础上获利，并且低碳农业对应的市场交易空间是巨大的。根据亚洲开发银行的研究，中国每年可提供的二氧化碳核定减排额度为 1.5 亿～2.25 亿吨，而中国可以将其投入市场，每年获取 2.25 亿美元的收益。[①]

第三节　低碳经济与低碳农业

低碳经济遵循可持续发展的理念，以技术、制度等方面的创新和转型产业、开发新能源为主要手段，大力削减以石油煤炭为代表的高碳能源消耗量，控制温室气体排放量，从而构建生态环境保护、经济社会可持续发展的双赢态势。

低碳农业指的是降低大气中温室气体的含量，通过降低碳排放、加大碳汇、创新技术的手段，不断强化基础设施建设，改善调整产业结构，增大土壤有机质含量，优化病虫害防治工作，开发农村可再生能源，使得农业生产的效率变高、排放量降低、碳汇水平上升。低碳农业属于低碳经济的产业形态的一种，循环农业、生态农业、绿色有机农业都是其组成部分。

在低碳经济中，低碳农业经济占有举足轻重的地位。随着工业化进程的加快和城市化水平提高，我国粮食生产面临着巨大挑战。相较于世界平均水平，我国人均占有农业资源是很低的，对农业资源的消耗又远超很多国家。在相当长的一段时期内，化肥和农药在我国农业中被普遍施用，其目的是提高粮食作物的整体产量，解决人口不断增长所面临的农产品短缺问题。在石化产品大量应用的情况下，现代农业表现出高排放、高耗能的、高污染等特点，农业也化身"高碳农业"，在温室气体排放的各种来源里中，它已经跃居第二位。众所周知，农业生产中消耗了相当一部分能源，并通过各种形式向大气释放出二氧化碳等温室气体。然而，即使农业向自然界排放了大量温室气体，农业生态系统具备的固碳潜能依然很强大，若能合理地通过农业措施来提高农业土壤的固碳能力，农业土壤将在缓解全

---

① 李晓燕，王彬彬. 低碳农业：应对气候变化下的农业发展之路 [J]. 农村经济，2010（3）：10-12.

球气候问题中发挥重要作用。以保护环境、维系粮食安全为目标,《中共中央 国务院关于加大统筹城乡发展力度进一步夯实农业农村发展基础的若干意见》中强调:"我国农业的开放度不断提高,城乡经济的关联度显著增强,气候变化对农业生产的影响日益加大,农业农村的发展的有利条件和积极因素正不断增多,各种传统和非传统的挑战也在不断叠加凸显。[①]"由此可知,在我国低碳经济战略里,低碳农业的地位越来越重要。

第四节 发展低碳农业经济的意义与作用

一、发展低碳农业经济的意义

全球气候变暖主要是由人为活动排放的二氧化碳、甲烷和一氧化二氮等气体造成的,其中农业产生的温室气体排放占了相当大的比例。农业排放温室气体以甲烷和一氧化二氮为主,并且这个比例还在不断上升。通俗地讲,在低碳农业里,最关键的是保持生物圈碳平衡达到碳中性,也就是在人为排放二氧化碳和人为采取手段吸收二氧化碳之间构建平衡关系。作为一种庞大的碳汇系统,农业中的农作物通过光合作用固定了很多碳,而且土壤可以被视作碳的巨大储存仓库。但农业本身比较复杂,不同的土地利用方式会对碳吸收和碳排放所构成的动态平衡产生各种程度的影响,常常会出现无法区分某种作物在不同的生长阶段是碳源还是碳,以及二者中间的演变过程难以捉摸的问题。因此,在进行温室气体减排时,必须根据实际情况选择适合当地的方法和手段来实现低碳发展目标。科学统筹、合理规划温室气体的排放流程,能够在很大程度上推动现代农业低碳化发展。

(一)发展低碳农业经济是我国发展低碳经济的重要领域

在我国,农业已经成为碳排放中的一个重要来源。与工业不同,农业受到气候变化产生的影响十分明显。农民在生活、生产中所耗费的能量,以及农业、加工业所耗能源,都产生了大量的温室气体。农业面污染源必须得到妥善解决,因

---

① 中共中央、国务院关于加大统筹城乡发展力度进一步夯实农业农村发展基础的若干意见 [EB/OL].(2009-12-31).http://www.gov.cn/gongbao/content/2010/content_1528900.htm.

此要求我们改变农业生产方式，发展现代化农业，并构建社会主义新农村等。而在诸多策略里，最为关键、最为根本的策略是发展低碳农业。

（二）发展低碳农业经济是我国建设现代农业的最终方向

农业高度依赖自然资源与环境，在"高碳农业"中，过量农药、过量化肥和其他工业化产品的使用，导致温室气体的过度排放和生物多样性水平的降低，自然环境也遭到严重污染。随着全球气候变暖，人类社会面临着前所未有的资源约束、生态压力和环境污染问题，这要求我们必须转变传统农业生产方式，大力发展低碳农业。在低碳经济时代下，发展低碳农业必须转变传统的农业生产方式和生活方式，并贯彻科学发展观，构建资源节约型、环境友好型的农业生产体系，实现人与自然的协调发展。

（三）发展低碳农业经济是我国解决地少人多矛盾的客观要求

土地作为一种稀缺资源，具备着其他生产要素所不具备的经济价值、生态价值与社会价值。人口增长与自身发展水平不断提高，为农业跨越式发展带来了巨大阻力。受土地资源短缺实情的限制，想要长久地发展农业、增加农民收入，就要增加化肥的使用量与廉价劳动力的雇佣，但这会对自然和社会环境造成巨大损害。大力发展低碳农业，可以使人与自然之间的冲突得到集约化处理。

（四）发展低碳农业经济是我国调整农业产业结构的必然选择

低碳农业的发展，可以深度改变农业经济的增长模式、优化产业结构、有效缓解农业资源和环境压力。对农业产业结构进行调整与优化，要仔细排查农业生产中的落后工艺，并予以淘汰，积极开展规模生产，使得农业产业链得到有效延长。大力发展低碳农业，不仅要全面开展生物能源和其他可再生能源的研究与开发，而且要兼顾风能、地热能和其他低碳能源的研究利用，从而实现农业生产的低污染、低耗能、低排放。

（五）发展低碳农业经济是我国经济可持续发展的重要契机

可持续发展是推动人和自然和谐相处的需要，也是发展经济、促进人口方面、资源方面、环境方面协调发展的切实措施。农业是人类赖以生存和社会进步的基础，其可持续发展问题已成为当今世界各国普遍关注的焦点，且不同于工业，农业可以实现自身循环。农业作为一种特殊产业，其生产活动必须遵循自然规律和生态学规律，走"低投入、低消耗、高产出"之路。在我国大力推进低碳项目建设、大力发展生态农业、建设资源节约型社会的大背景下，低碳农业成为现代农业发展的方向。农业发达，能使农业实现竞争力的最大化，全面践行帮助农业节能减排的义务，这对于我国经济的可持续发展所带来的积极意义是不言而喻的。

（六）发展低碳农业经济是我国改善农村环境、提高农民生活质量的需要

在新农村建设进程里，全国各地都大力开展整治农村环境的工作，很多地方已经初见成效。例如，广西于 2013 年开展了"美丽广西•清洁乡村"活动，计划用两年的时间使广西农村的环境有一个较大的改观，但是农村环境建设这项工程的时间跨度很长，目前还有很多的地方还存在问题，比如过量施用农药、过量施用化肥、过度使用农用薄膜等造成的农业面源污染，以及乡村农产品加工厂污染，有的农机能耗大、废气排放量高等。这些问题严重影响着农民群众生活质量的提高，制约了我国农业现代化进程的发展。要想彻底地解决上述问题，在策略层面不仅需要治标，更需要治本。治标之策在于不断增强对农业生态环境和农村环境的整治，逐地、逐一解决问题。治本之策在于大力发展以能耗低、投入低、排放低、污染低为特征的高效益农业经济模式，使之取代能耗高、排放高、污染高、效益低的农业经济格局，确保农民群众在获得良好的利益的同时，也能拥有良好的环境。

二、发展低碳农业经济的作用

（一）低碳农业经济是中国特色现代农业的必然选择

利用传统能源过程中所排放的温室气体，已经对全球自然环境与生态环境产生空前威胁，全世界都在呼吁节能减排，当前人类的能源利用与发展，也正沿着从高碳时代向低碳时代逐渐转变的轨迹前行。低碳经济是一种绿色经济，强调能耗低、排放有限，同时以低污染为主，是人类在气候变暖的局势下保障能源安全、保障资源安全、保障环境良好的必由之路。当前，发展低碳经济多聚焦于工业化、城市化的进程，主要用于解决工业领域排放高、能耗高所造成的环境污染等问题，却有很多人忽视了农业发展低碳经济的关键性。随着我国城镇化进程的加快，农村人口向城市转移，大量农业剩余劳动力涌向大城市，由此引发城市土地资源紧张、能源短缺、环境污染严重等一系列问题，都是影响低碳经济发展的重要因素。

（二）低碳农业经济是提高农业固碳功能的可行途径

温室气体减排的方式包括二氧化碳减排、固碳两种。对于农业产业而言，固然功能与生俱来，但农业的生产功能所追求的是高效、稳定、高产量地生产农作物，以及最大限度的经济收益。要想增强农业的碳汇能力，修复农业生态功能，有必要将农业生产的每一个环节作为入手点，控制高碳能源、化肥与农药使用量。低碳农业可以使农业的生产与加工有效减少碳排放。改变农业生产方式，采取低碳农业的发展方式，能够有效强化农业的整体固碳功能。

（三）低碳农业经济是农业发展的生态文明之路

农业在国民经济中处于基础地位，构建农业生态文明，要求将工业文明时代对大自然发起"征服""挑战"的农业生产模式转化为生态文明时代与大自然和谐共处的农业生产模式。低碳农业作为一种全新的理念和模式，以可持续发展理论为指导，通过减少温室气体排放来实现人与自然和谐共生的目标。大力发展低碳经济，需要改变以往的农业生产方式，尽可能地发挥农业生物质能源的功效，在保证农作物高产稳产的同时，进一步减缓全球气候变暖的脚步。

（四）低碳农业经济是在我国加入世界贸易组织后提升农业国际竞争力的有效途径

在世界范围内，食品安全问题与环境污染问题正在不断加剧，国际市场上对农产品的品质、单位能耗、环保水平的要求不断增加。在国际贸易技术壁垒愈演愈烈的情况下，农业产品出口质量控制正从简单的产品质量认证向全过程产品质量体系把控一步一步过渡。农业竞争力的主要反映因素包括质量、数量、效益、安全、生态五个层面，它可以被视作一个国家农业发展和科技水平的代表。衡量一个国家农业竞争力的重要指标之一是农业产品（包括农产品及其加工品）出口[①]。这不仅需要企业生产的最终产品质量达标，且整个生产过程均应符合进口国

---

① 成学真，汪国平.WTO条件下我国农业的比较优势及其发展战略 [J].湖南财经高等专科学校学报，2003（1）：3-6.

单位能耗标准及环保标准。大力发展低碳农业，就是为了处理农业带来的各种问题，并最大限度地增强中国农业国际市场竞争力。

第五节 低碳农业经济与其他农业形态的关系

所谓低碳农业经济，本质上是一种农业生产系统，它以保障社会需求为前提，以技术为基础，以政策为手段，通过管理和其他相关措施，以节约资源、减少投入、减少排放、治理污染并提高资源使用和转化的效率，使整个生产过程更加直观。低碳农业经济实质上是一种可持续发展的现代农业模式，能够提高能源利用效率，打造新型能源结构，开发可供借鉴的技术、产品和服务，不仅可以保证经济稳定增长，也可以有效减少温室气体排放。此外，低碳经济以高效率和清洁能源结构为核心，技术创新、制度创新是其核心体现。低碳农业经济具有低耗性、持续性、高优性、协调性、系统性五大特征。低碳农业经济属于"三低"经济，即具有低能耗特征、低排放特征与低污染特征，也就是说，在农业生产中，低碳农业运行期间产生的温室气体排放量最小，可以为社会尽可能地提供农业方面的经济利益，其经济实质是节约、效益与安全。目前我国正在大力发展现代农业经济，传统的农业生产方式已经无法适应时代的要求，而发展低碳农业经济则是解决这一问题最有效的途径之一。我们不应该把低碳农业经济孤立于其他农业形态所构成的整体之外，我们可以将低碳农业视为现有农业发展模式中的一种升级，这种升级的宗旨为"低碳"。

一、低碳农业与传统农业和现代农业的关系

传统农业在人类农业历史中占有举足轻重的地位，其以铁木制农具为主要生产工具，主要依靠人力与畜力的手工劳作，生产者根据世代相传的经验与技巧，组织并开展农业生产活动。随着科学技术的发展，信息技术革命对农业经济产生了深刻影响，传统农业逐步向低碳农业转变。相对低碳农业而言，传统农业的碳排放也不高，农业模式所产生的环境污染也是有限的。区别在于，传统农业能源、技术等方面存在缺陷，造成农业投入增加、碳排放量上升，但就农业的发展水平的层面来看，传统农业具备低产出、低效率等特征，农民收入堪忧。而低碳农业

以高科技为依托，使用先进的劳动设备，科学地设定低碳投入，其产出的农产品也比较绿色、比较安全。二者的最大差异体现在农业科技的发达水平与农产品产出的效益上。

现代农业以现代化设备、现代化科技、现代化管理为基础，主要任务是使农业生产变得更加节约、更加科学、更能适应社会、更能符合市场需求，它与"石油农业"存在本质上的区别，且在推动农业可持续发展的基础上不断推动农业的整体现代化进程。现代农业与低碳农业有着许多相通之处，都以确保食品安全、提升农民收入、促进农业的可持续发展为最终目的，都在推出新型生产要素、采用先进经营管理方式的基础上，以更加科学的工艺对农业生产进行开发，并根据健全的管理机制经营农业，从而有效提升农业在劳动生产、土地产出、资源利用等方面的整体效率。二者最大的不同是，低碳农业以现代农业为依托，强调生产低碳化、消费低碳化。低碳农业要求农业生产投入产出、农民的生产理念与生活观念也应相应地实现低碳化，降低碳投入、削减碳排放，从而减轻农业带来的环境压力，促进农业、环境、资源等方面的协调与全方位发展。

从整体上看，传统农业完成了低碳农业中的部分任务，但其效率与产出无法达到低碳农业的要求。现代农业虽然可以实现农业增效与农民增收，但其对碳排放给农村环境甚至全球环境造成的污染的重视力度显然不高。在这种情况下，低碳农业要统筹考虑资源、人口、技术、环境、管理等诸多方面，使农业形态区域平衡完善。

二、低碳农业与生态农业的关系

低碳农业的本质是能耗低、投入低、污染低；低碳农业的主要手段是资源节约和技术升级；低碳农业的最终目标是安全生产、削减污染，实现农业产业的可持续发展。从本质上讲，发展低碳农业就是在保持农业生态系统良性循环的基础上，最大限度地提高农产品质量，降低对环境的压力。所以，大力发展低碳农业，是以注重农业多功能性为核心的工程，只有全面发掘农业多功能性，才能确保农业发展进程实现低排放、低污染、低能耗。生态农业指的是人类在生物和非生物环境中进行有目的的开发，并利用生物种群间的互动规律，创造合理生态系统机制与高效生态机能，以便物质、能量的循环与信息传递，并从人类需求出发进行物质生产的综合型农业体系。它不是单纯地利用自然资源或人工改造资源，而是以生态学原理为指导，把自然生态系统与经济有机结合起来的一种新模式。由于这是一个自然生态系统，生态农业强调自然界的自我调节，因此所需化学投入十分有限。此外，这一类型的农业在很大程度上依赖对栽培技术的研究和对耕作制度等人工技术的完善，并按照季节变化，因时而变，以达到自身发展之目的。在我国传统的农村经济结构中，农业生产一直占据着十分重要的地位。农业生产方式、管理技术、投入程度的变化能够影响生态农业系统的整体运行，但生态农业在功能性上存在片面性特征，这是地域发展条件约束的结果。生态农业是否足够持续、足够有效，极大地依赖于人类的管理活动，一旦受到人类的过度干预，其整个生态系统会发生剧烈变化。因此，与低碳农业相比较，生态农业既为雏形，又是指导思想，但不是最终目标。这类农业生产模式使农田生物和非生物、不同生物族群之间构建和谐关系，进而协调自然系统，旨在长期可持续发展，它是低碳农业所需要达到之目的之一，但低碳农业的终极目标不是生态农业。

它们的共同之处是，二者都遵循自然规律，以实现农业的多功能性发展为目标，且都可以降低环境的压力，都能够通过改善产业结构提高农民的实际收入。但是低碳农业又有别于生态农业，它的终极指向是我国农业的现代化发展，所以对大自然的协调性的依赖度要把握好。换句话说，生态农业受发展环境制约，但不论对于全国还是全世界，低碳农业的推广是大势所趋。此外，低碳农业除了需要依靠政府的政策扶持，还需要市场来进行引导。同时，以生态农业为依托，在农业方面，低碳农业要增加技术与投资占比，从而扩大自身的生存空间与发展空间。

三、低碳农业与循环农业的关系

我国是以农业为主的国家，在全球气候变暖、环境和资源亟待保护的背景下，伴随低碳经济诞生与普及，低碳农业应运而生，它是在传统农业基础上进行的一次重大变革。由于农业温室气体排放大，因此实现农业由高碳到低碳转变，是各个国家都十分关心的问题。在这种形势下，如何进行有效的农业生产活动，以减少农业温室气体排放成为当前国内外农业界需要研究的问题之一。很多专家都表示，要通过对现代化农业的科技进行革新，改变生产方式，让农业产业更加优质、更加高效、更加安全、更加高产的发展，并兼顾生态环保，使二者互相协调。

循环农业这种农业产业模式从循环经济理念出发，通过对农业生态经济系统进行设计与治理，最大限度地提高农业系统光、热等自然资源利用效率，尽最大努力压低购买性资源的投入比例，高效循环地利用可再生资源，并让生产过程尽可能少地产生有害物。它是在保证农产品安全供给的前提下，以减少废物产生为目的的农业生产方式。从宏观上看，循环农业的发展过程是"资源—产品—再生资源"。用通俗的话说，循环农业是利用物质循环再生这一原理，采取物质多层次利用技术，旨在达到产生更少的废弃物、提高资源利用效率目的的新型农业生产方式。其实循环理念从农业发展伊始就已存在。在农业文明的初期，人们对农业资源没有充分利用起来，只是将其当作废物来处理。在当时的农业生产中，人们仅使用单纯的光线、水和其他自然资源进行农产品的生产，这些农产品经过城乡居民的使用，再次转化为"废弃物"，被农村作为肥料使用，低层次的农业循环诞生。该阶段的循环农业之所以能够实现，是因为当时的农业废弃物总量不是很高，且废弃物可以被再利用。而在工业时代，循环农业需要在精心设计与布局下，不断完善整个循环链条。更为关键的是，针对现代农业带来的各种废弃物，我们还要加大科学技术的投入力度，让废弃物成为循环再利用的一种资源。现代循环农业的科学性较高，其配置较为合理，可以最大限度地发挥能源与资源的作用与潜能，也能够有效防止有害物质、不利因素进入各个循环环节的现象发生，它是实现低碳农业目标的重要途径。

不论是循环农业还是低碳农业，其实质均是在农业生产投入中，减少化学物质投放量，各环节的资源得到充分利用，使其质量与效益能够为促进农业经济运行高效提供坚实基础，促进经济快速发展，进一步巩固环境保护、资源节约之间的协调关系，从而推动可持续发展战略目标的实现。实现低碳农业目标的有效途径之一就是发展循环农业。

四、低碳农业与有机农业的关系

就本质而言，低碳农业以提高能源使用效率、实现节能减排技术创新为核心。必须依靠先进的、科学的技术手段来推动农业生产效率的提高，而有机农业这一环境友好型农业，恰恰能够为低碳农业的"低投入"提供保障。

　　有机农业借助农业手段维持土壤肥力，且最大限度地缩减外在投入；禁用人工合成植物保护制剂和化肥；根据自然调控机制，加大对自然资源的保护力度；满足动物需要、与本地环境相适应、有价值的食物。这些特点无不与低碳农业发展相契合。可见，有机农业与低碳农业原理完全吻合。

　　有机农业严禁使用化学物质，因此可以降低土壤中的碳源和农业产生的温室气体量。在过去的几十年中，人们已经认识到农业生产会产生大量二氧化碳。有机农业与低碳农业异曲同工，它们都倡导不使用化学合成物。在有机农业进行过程中，作为植物营养源的是有机肥料、栽培豆科植物和相应绿肥，可以大幅度提高土壤的肥力与土壤的质量，在技术层面使土壤的碳汇能力有所提升。有机农业主张"少耕，免耕""秸秆还田"，主要运用低碳技术，它要求减少对自然资源的依赖，降低农产品加工过程中对环境的负面影响。有机农业也强调进行农业生产时，均衡发展农村生态环境，合理投资农业能源，有效地利用资源，对农村剩余能量进行综合利用，这也与低碳农业倡导的"低能耗"理念不谋而合。这说明在我国当前的阶段，发展有机农业不失为一种行之有效的举措。有机农业对应的各种技术，在发展低碳农业的进程中是不可或缺的，不仅有利于推动整个社会的可持续发展，而且对促进我国国民经济的增长有着十分重要的意义。有机农业和循环农业是相同的，都可以对低碳农业的普及进行实现与发展。

第二章　低碳农业经济发展的基础

本章主要论述低碳农业经济发展的基础，分别介绍了低碳农业经济发展的理论基础和低碳农业经济发展的现实基础。

第一节　低碳农业经济发展的理论基础

一、国家层面：国家－社会关系理论

自改革开放开始，全能主义政治日渐消退，"国家与社会"关系慢慢在国内学界普及开来[①]。社会学者孙立平表示，如果国家与社会的分离在城市中的社会结构变迁更多地表现出来，那么国家与社会的新的结合过程则更多地呈现在农村社会结构变迁之中[②]。国家－社会关系学说在都市社会中适用，在乡村社会中也适用，对于正处在转型阶段的乡村社会而言是比较关键的。低碳农业就是转型期乡村社会农业现代化发展的一个缩影。

国家－社会关系理论为我们研究低碳农业提供了非常好的理论视角。在低碳农业发展过程中以下3个方面是需要我们特别关注的：①在不同的历史时期，国家－社会关系往往存在差异，由此导致低碳农业的发展模式是不同的，这种不同主要表现在低碳农业发展中发挥主导作用的主体不同，因此，低碳农业的发展模式要根据国家－社会关系的变化及时作出相应的调整。②在不同的农村地区国家－社会关系往往也存在微妙的差异，如对于经济社会发展水平较高的农村地区来说，往往是社会力量对该地区的影响更大，而对于经济社会发展水平较低的

---

① 景跃进. 党、国家与社会：三者维度的关系——从基层实践看中国政治的特点 [J]. 华中师范大学学报：人文社会科学版，2005（2）：9-13，29.

② 孙立平. 转型与断裂：改革以来中国社会结构的变迁 [M]. 北京：清华大学出版社，2004：160.

农村地区来说，往往是国家力量对该地区的影响更大。③国家－社会关系在不同类型的农民身上有着不同的表现。例如，对于社会经济地位较高的农民来说，往往是社会力量对其影响更大，而对于社会经济地位较低的农民来说，往往是国家力量对其影响更大。因此，低碳农业的发展也需要切实考虑到不同类型农民的条件差异选择不同的模式。由此可见，国家－社会关系理论告诉我们：低碳农业的发展要做到因时而异、因地而异和因人而异。

对于低碳农业的发展来说，不仅需要国家力量的大力推进，同时也需要社会力量发挥强力推进作用。可以说，对于低碳农业的发展来说，国家力量和社会力量都是不可缺少的。只有在国家力量和社会力量的共同作用下，低碳农业才能实现快速健康发展。当然，国家力量和社会力量在低碳农业发展中所起的作用是存在差异的，这种差异主要表现在不同发展阶段上的差异：在低碳农业发展的起步阶段，国家力量的推动作用显得更为重要，而当低碳农业发展步入正轨之后，社会力量的推动作用则显得更为重要。在低碳农业的起步阶段，国家力量起主导作用，这一阶段低碳农业的发展更多地表现为外生型发展模式；当低碳农业的发展步入正轨之后，社会力量起主导作用，这一阶段低碳农业的发展更多地表现为内生型发展模式。

二、社会层面："场域－惯习"理论

"场域"和"惯习"由法国社会学家布迪厄提出，它们属于布迪厄实践社会学的核心概念。布迪厄表示："在高度分化的社会里，社会世界是由具有相对自主性的社会小世界构成的，这些社会小世界就是具有自身逻辑和必然性的客观关系的空间，而这些小世界自身特有的逻辑和必然性也不可转化成支配其他场域运作的那些逻辑和必然性。"①

到底何为"场域"？①场域作为一种社会空间，具备独立性特征；②场域作为一种系统，由客观关系组成；③场域作为一种空间，内部存在各种争斗；④场域的边界是经验的，场域间的关联是复杂的。②按照布迪厄的观点，社会是"大

① 皮埃尔·布迪厄，华康德.实践与反思：反思社会学导引[M].李猛，李康，译.北京：中央编译出版社，1998：134.
② 毕天云.布迪厄的"场域—惯习"论[J].学术探索，2004（1）：32-35.

场域"，政治、文化、经济都是其中的"小场域"。笔者所做的研究里，按照领域划分，存在"市场场域""政治场域""文化场域""社会场域"；从地域上来划分有"城市场域"和"乡村场域"。

布迪厄的"惯习"概念也很好地体现出了其方法论倾向，他提出"惯习"概念的目的在于超越客观主义和主观主义之间的二元对立。在布迪厄看来，客观主义方法论过于强调客观存在性而忽视了人的主观能动性，主观主义方法论则过于强调人的主观能动性而忽视了客观存在性。布迪厄提出的"惯习"就是介于客观主义和主观主义之间的一个中间概念，能够很好地解决客观和主观之间的对立。

那么，到底何为"惯习"？①惯习作为一种禀性系统，具备可转移性；②惯习具备主观性特征，它与客观结构的关系十分紧密；③惯习不仅属于个人，也属于集体；④历史性特征、开放性特征、能动性特征都为惯习所具备。布迪厄表示，"惯习这个概念，揭示的是社会行动者既不是受外在因素决定的一个个物质粒子，也不是只受内在理性引导的一些微小的单子（monad），实施某种按照完美理性设想的内在行动纲领。社会行动者是历史的产物，这个历史是整个社会场域的历史，是特定子场域中某个生活道路中积累经验的历史"[①]。在布迪厄看来，惯习是一种"外在性的内在化"，既有主观成分在内，也有客观成分在内。

结合场域与惯习之间的关系理论，在低碳农业发展过程中，以下3个方面是需要我们特别关注的。①在不同的历史时期，低碳农业发展的场域和惯习是存在很大差异的，因此，低碳农业的发展模式要根据场域变化及时作出相应调整；②农村各地也千差万别，在场域上存在诸多特点与惯习，所以在发展农业时，不能完全按照同一种发展模式发展，要综合考虑不同乡村所处的场域特征、惯习性质，合理地运用各种农业发展模式；③不同类型的农民处于不同的场域中，有着不同的惯习，因而对低碳农业有着不同的需求，因此低碳农业的发展也需要切实考虑到不同类型农民的需求。由此可见，布迪厄的"场域－惯习"理论同样告诉我们：低碳农业的发展要做到因时而异、因地而异和因人而异。

从"场域－惯习"对低碳农业发展的影响来说，主要表现在以下两个方面：一个是表现在对低碳农业发展动力来源的影响上。当场域和惯习具备推动低碳农业发展的条件时，低碳农业的发展会倾向于内生型发展模式；当场域和惯习不具

---

① 毕天云.布迪厄的"场域—惯习"论 [J].学术探索，2004（1）：32-35.

备推动低碳农业发展的条件时，低碳农业发展会倾向于外生型发展模式。另一个是表现在对低碳农业发展能否做到因时而异、因地而异和因人而异的影响上，如果各个参与主体能够充分认识到不同历史时期、不同区域、不同类型农民的场域和惯习特性，那么在低碳农业发展过程中就能很好地做到因时而异、因地而异和因人而异。如果各个参与主体不能充分认识到不同历史时期、不同区域、不同类型农民的场域和惯习特性，那么在低碳农业发展过程中就很难做到因时而异、因地而异和因人而异。

场域和惯习之间也是相互作用的。对于低碳农业发展来说，如果具备了低碳农业发展的场域，那么农民会慢慢形成低碳农业发展的惯习，实现所谓的"外在性的内在化"，这是一个由外而内的低碳农业发展过程，主要表现在农民对低碳农业的态度和行动往往受到整个社会环境的影响。同时，如果农民形成了低碳农业发展的惯习，慢慢就会形塑出一个低碳农业发展的场域，实现所谓的"内在性的外在化"，这是一个由内而外的低碳农业发展过程，主要表现在农民对低碳农业的态度和行动会影响低碳农业的发展环境。从本质上来说，低碳农业的发展过程就是一个低碳农业的发展场域和发展惯习之间不断互相建构、互相形塑的过程。只有场域和惯习处于良性的互相建构、互相形塑时，低碳农业才能真正实现健康、可持续的发展。

三、市场层面：资本理论

布迪厄强调，"资本是积累的（以物质化的形式或具体化的、肉身化的形式）劳动，当这种劳动在私人性，即排他的基础上被行动者或行动者小团体占有时，这种劳动就使得他们能够以物化的或活的劳动的形式占有社会资源"[1]。布迪厄的定义中隐含了资本的 3 个特性：①资本的生成性，即资本是积累的劳动；②资本的排他性，即资本应与私人占有关系一致；③资本的获利性，即资本是一种能获得更多资源的资源。这一定义体现了资本的所有与使用、资本的生产与实现的统一[2]。

① 皮埃尔·布迪厄，华康德.实践与反思：反思社会学导引[M].李猛，李康，译.北京：中央编译出版社，1998.
② 林克雷，李全生.广义资本和社会分层：布迪厄的资本理论解读[J].烟台大学学报（哲学社会科学版），2007（4）：63-68.

布迪厄的资本理论为我们研究低碳农业提供了非常好的理论视角。笔者认为在低碳农业发展过程中以下 3 个方面是需要我们特别关注的：①在不同的历史时期，低碳农业发展所具备的经济资本、社会资本和文化资本是存在很大差异的，因此低碳农业的发展模式要根据资本的变化及时作出相应调整；②不同的农村地区之间在经济资本、社会资本和文化资本上也存在很大的差异，发展低碳农业，不能完全照搬同样的发展模式，而应该对各个农村地区条件的差异进行考量，进而选择适宜的低碳农业发展模式；③不同类型的农民拥有的经济资本、社会资本和文化资本也存在很大的差异，因而对低碳农业有着不同的需求。因此，低碳农业的发展也需要切实考虑到不同类型农民的条件差异。由此可见，布迪厄的资本理论也告诉我们：低碳农业的发展要做到因时而异、因地而异和因人而异。

要想实现低碳农业的快速健康发展，不仅需要具备相应的经济资本，同时也需要具备相应的社会资本和文化资本。可以说，对于低碳农业的发展来说，经济资本、社会资本和文化资本是缺一不可的。当然这 3 种资本形态在低碳农业发展中所起的作用是存在差异的，主要表现在：经济资本是低碳农业发展的基础条件，没有经济资本是不可能推动低碳农业发展的。社会资本是低碳农业发展的关键因素，没有社会资本就丧失了低碳农业发展的有效载体。文化资本是低碳农业发展的持久动力，没有文化资本是很难实现低碳农业的可持续发展的。这 3 种资本形态从层次来说是依次递进的，在低碳农业发展的不同阶段对这三类资本的需求是不同的。具体可以从以下 3 个方面来说：①经济资本是低碳农业发展的初级资本形态，在低碳农业发展的初级阶段，对经济资本的需求是最大的；②社会资本是低碳农业发展的中级资本形态，在低碳农业发展的中级阶段，对社会资本的需求是最大的；③文化资本是低碳农业发展的高级资本形态，在低碳农业发展的高级阶段，对文化资本的需求是最大的。

当低碳农业发展的资本条件已经具备时，低碳农业的发展会倾向于内生型发展模式；当低碳农业发展的资本条件不具备时，低碳农业发展会倾向于外生型发展模式。对于低碳农业发展所需要的经济资本、社会资本和文化资本之间同样也是可以"兑换""转化"的，当然不同的资本形态之间互相"兑换"的"兑换率"是不同的。越是高级形态的资本，其"兑换率"更高，也就是说，"兑换率"最高的是文化资本，其次是社会资本，"兑换率"最低的是经济资本。

四、个人层面：理性选择理论

作为理论流派的代表之一，"理性选择理论"和冲突论、结构功能论、符号互动论、交换论、批判理论等共同构建了西方社会学理论中重要的理论资源框架，对许多研究领域都产生了深远影响。社会学对理性选择理论的探讨，最先开始于乔治·霍曼斯（George Homans），他根据社会心理学家群体动力学，对小群体行为做出了新的阐释，社会交换的形式由此诞生。之后，皮特·布劳（Peter Blau）通过社会交换思想对非正式组织中的社会交换问题进行了研究。理性选择是社会学中一个重要概念，在宏观社会学中的应用则是 1983 年才开始的。此后，《理性与社会》期刊出版（1989 年），国际社会学协会理性选择研究分会于 1990 年诞生，这些使得理性选择理论开始被人们运用到实际中。而詹姆斯·科尔曼（James Coleman）的《社会理论的基础》于 1990 年出版，它正式确立了社会学理性选择理论[1]。通常情况下，理性选择范式的基本理论假设涵盖这几点内容：①个人是自身最大利益的追求者；②在特定情境中有不同的行为策略可供选择；③人在理智上相信不同的选择会导致不同的结果；④人在主观上对不同的选择结果有不同的偏好排列。[2]

目前，国内学术界普遍认同"理性选择理论"适用范围广这一观点。在低碳农业的发展进程中，农民是行为主体，发挥着"理性人"作用，常常会出现"理性"影响他们在低碳农业发展模式上的选择的情况。基于"理性"在低碳农业发展动力源泉中的作用，当农民发现发展低碳农业能够为农村发展带来好处后，他们将主动发展低碳农业，从而实现内生型实力的形成；如果农民没有认识到低碳农业发展对农村发展的好处的话，他们就不会自发地开展低碳农业生产，而只能被动参与。此外，这一理性又不仅仅表现为"经济人"的理性，"社会人"的理性也是其表现之一，因为"理性"所考量的内容较为全面，涉及社会、经济及文化。目前，农民认知中的"理性"里，"经济理性""社会理性"之间不够平衡，且农民对"经济理性"的思考更为深入，对"社会理性"的确不够重视。这突出表现在：农民对低碳农业的态度和行动在很大程度上是受利益驱使，也就是受"经济理性"影响，而不是出于对生态环境的考量，"社会理性"并没有对农民的低碳农业态度和行动产生重要影响。

① 丁玉洁. 社会学理性选择理论述评 [J]. 辽宁行政学院学报，2006（12）：93-94.
② 陈彬. 关于理性选择理论的思考 [J]. 东南学术，2006（1）：119-124.

第二节　低碳农业经济发展的现实基础

低碳农业对于很多农民来说是一个"陌生"的概念，他们并不了解什么是低碳农业。即使是对低碳农业有所了解的农民，他们对低碳农业的认识也存在各种各样的误区。不管是对低碳农业的不了解，还是对低碳农业认识的误区，都严重阻碍了低碳农业的发展。耶兹（Ajzen）等人以理性行为理论为基础，创造了计划行为理论（theory of planned behavior，TPB），这一理论被当作个体进行复杂决策时的理论依据，它也是各界学者从社会行为学出发展开调研的理论依托，在社会学领域、经济学领域、管理学领域都有相当广泛的应用。个体面对失控条件时呈现出的意愿、态度与行为之间的关系是这一理论的核心关注点。此外，计划行为理论与理性行为理论有相同之处，都认为一个人的实际行为受其行为意愿的影响，这里的行为意愿可以被视作一种抽象函数，由个人态度、主观规范构成。但不同的是，计划行为理论包含感知到的行为控制这一因素会影响态度，强调感知到的行为控制也会影响行为的意愿，从而影响实际行为[①]。根据计划行为理论，认知对行为会产生直接影响，要想让行为与决策变得更加理性，认知的正确十分重要。因此，对于低碳农业发展来说，农民对低碳农业的认知情况是至关重要的。

根据计划行为理论，行为意愿会对实际行为产生直接影响，它是个人态度、主观规范所构成的抽象函数。由此可见，人的意愿与行动之间往往是有着紧密联系的，农民对低碳农业的意愿在很大程度上会影响农民对低碳农业的行动。可以说，农民对低碳农业的意愿会影响到低碳农业的发展。

一、社会资本

社会资本指的是农民在农村这一大环境中的资本，以人们存在的关系为纽带，相互制约。农民在参与低碳农业生产过程中会受到其自身的认知水平、家庭特征、社会关系及对未来发展预期等因素的影响。农民选择从事低碳农业生产，不只源于理性选择，亦是农民受所处家庭社交关系状态影响的结果，这足以证明社会资本对农民意愿也有一定的影响。笔者认为，社会资本包含社会信任、社会网络和

---

① 王晓辉，刘楠楠，张永. 居民低碳消费行为影响因素模型的建构 [J]. 生态经济，2012（8）：16–19.

社会规范三个层面，每一层面都能影响农民进行低碳农业生产的意愿。

（一）社会信任

我们从以往的调查中可以得知，农民个体对低碳农业生产的从事意愿和社会信任之间呈现出的关系为正相关。薛天山强调，当农民的联系对象、交互行为及整个联络过程是处于被约束的状态下时，高水平社会信任的农户会认为其是可靠的[①]。朱权贞则表示因为制度信任的存在，在这种合作关系中，关系成员能够相互知晓战略计划，对成本及预算都能够相互共享，风险预期和收益也处于较为透明的状态[②]。

广泛信任与制度信任都将由社会资本推动，信任程度越高，广大农民越倾向于认为政府部门在促进低碳农业生产方面发挥了作用，进而更倾向于认为农业生产能够在促高农业生产中发挥积极作用。可以预见，当农民社会信任度维持在良性水平时，他们更倾向于相信政府在使用与分配低碳农业生产专项资金方面具有可靠性与公信力，更愿意相信低碳农业生产能够有效促进传统农业方式的转变。

（二）社交网络

社会网络正向作用于农户个体意愿。一般而言，农民所获取的与低碳农业生产有关的资料会对他们是否愿意接受低碳农业生产打下基础，而农民社会网络对低碳农业生产信息传播和扩散具有强烈促进作用。与政府的信息传播相比，农民通过社会网络这种非制度化的途径，往往能更迅速、更便捷、更高效地获取农业信息，社会网络能够很大程度地推动低碳农业生产信息的传播与宣扬。

根据以往调研文献，在社会网络的驱动下，有关资料流通效率会获得大幅度提升。在我国，农村地区是一个非常重要的信息源所在，其对低碳农业生产有一定影响。对于农户而言，个体社会网络是一种获取低碳农业生产信息的便利途径。农村组织可以考虑为农民构建社交网络平台，为农民获取低碳农业生产政策信息提供更加丰富的途径，这在一定程度上能让更多的农民对低碳农业生产产生浓厚兴趣。

---

① 薛天山.家族企业的治理模式研究 [J].南京师大学报（社会科学版），2006（2）：47-52.
② 朱权贞.供应链管理中的制度信任 [J].苏州大学学报（哲学社会科学版），2009，30（2）：25-28.

（三）社会规范

通常情况下，社会规范能够对农民意愿产生促进作用。从本质上看，社会规范是非正式制度约束，会影响农民从事低碳生产的意愿。在社会规范里的文化调节干预下，个体经济行为的非经济方面会有不同表现。规范也对个体对参照群体所做出的选择产生影响，因为在选择不同的情况下，个体意愿会有所差异。当社会规范和非正式制度的运行足够良好时，可以让农民个体所做的选择更加符合社会规范，这是由于农民个体在对生产进行决策时，在某种程度上会受限于社会规范。

刘汝萍等强调，农民个体遵守社会规范行为的意图和满意度受社会规范限制性程度的影响，社会规范限制性强的农民个体更能严格遵守社会规范行为，农民个体满意度更高。社会规范限制性弱的农民个体遵守社会规范行为意愿不明显，农民个体满意度更低[①]。

二、个人因素

李俏等人认为，农民个体特征涉及文化程度、年龄、村职位及政治面貌。在农村家庭中，不同的农民对个人因素有着各自独特的认知和态度，并且不同农民具备不同的年龄和文化程度，是否担任村干部也不同等，他们的意愿也会有所区别。因此，研究农民的个人因素对农民意愿的影响具有重要意义。本书对于个人因素的界定主要指农民个人所具备的各项资源提取、整合、积累能力等[②]。因此，本书选择年龄、受教育程度（文化程度）、政治面貌等指标，对农户的个人因素对其意愿的影响加以阐述。

（一）年龄

社会各界在年龄能否对农民从事低碳农业的意愿产生影响这一问题上存在不同看法，有学者表示年龄与农民意愿之间保持负相关的联系，越年轻的农民越容易接受低碳农业技术，但徐明冉等通过实证发现年龄因素与农民意愿之间的关系

---

① 刘汝萍，马钦海，范广伟. 社会规范标识与顾客社会规范行为意图和服务满意 [J]. 管理科学，2010，23（03）：53-59.
② 李俏，张波. 农业社会化服务需求的影响因素分析：基于陕西省 74 个村 214 户农户的抽样调查 [J]. 农村经济，2011（6）：83-87.

并不显著[①]。显然，不同年龄的人的生活经历、经验都不尽相同，这一变量所造成的影响，目前尚未有统一的量化标准。

（二）受教育程度

农民的行为选择会受人力资本存量，即受教育程度的深刻影响。一般情况下，受教育程度高，农民会更加深入地了解低碳农业生产，并能通过各种信息渠道发表看法，他们也具备较强的环保意识；受教育程度越低，农民对低碳农业生产了解越少，缺乏参与的渠道，只有被动接受这一种信息获取途径。因此，本书认为农民受教育程度变量对其低碳农业生产意愿具有正向的促进作用。

（三）政治面貌

农民政治面貌对农民个人社会关系网络具有显著影响。研究发现，农民政治态度与家庭经济状况之间存在显著相关性。一般政治面貌是共产党员的农民具备更强的社会责任感与环境责任感。与一般农民相比，政治面貌是共产党员的农民，因其较为丰富的知识储备和较高的接受新鲜事物的能力，会更容易接受低碳农业生产技术，其自身的生产意愿也更为明显。政治面貌是共产党员的农民与上级政府、广大群众，以及其他类型的人经常沟通交流，政治面貌是共产党员的农民具备更高水平的意见表达能力与交流能力，能更加清晰地发表自己的看法。与政治面貌是群众的农民相比，其更能接受低碳农业生产及有关政策，并能示范性地推行发挥政策。同时，通过分析发现，政治面貌为党员的农民对于低碳化农业生产技术应用情况，以及低碳农业发展模式方面都有较强的了解。由此，笔者总结得知，政治面貌是共产党员这一变量会对农民从事低碳农业生产的意愿产生正向影响。

三、家庭因素

家庭因素包括个体所处家庭的各个成员之间的互帮互助、互做贡献，这一因素对农民从事低碳农业生产的意愿也会产生一定影响。胡保玲等表示，耕地规模及其分散程度影响农民低碳农业生产意愿，耕地拥有量较小且分散的现状会制约

[①] 徐明冉，詹玲，鲁培宏. 农民内部因素对采用农业技术意愿分析：基于河北、辽宁两省部分贫困地区调研 [J]. 内蒙古农业大学学报（社会科学版），2012，14（4）：37-39.

农民进行低碳农业生产，相反则促进农民的技术采用意愿①。农业收入占比和人均年收入这两个因素对农民意愿影响最大，年收入越多，农民在对低碳农业生产进行选择时，面对各种农业生产技术，会越倾向考虑风险与技术，收入来源以农业生产为主的农民也倾向于低碳农业技术的运用。因此，通过分析农民的经济行为来研究农民参与低碳农业技术采用决策也具有一定的理论价值和现实意义。下面，笔者以农业收入比例、家庭承包耕地面积、人均年收入三方面的内容来透析农户的家庭因素。

（一）农业收入比例

通常情况下，农业在家庭中所占的比重越高，农民越愿意从事低碳农业。农业收入占家庭收入比重与低碳农业生产技术对农民的意义呈正向关系，如果某个家庭的收入以农业收入为主，那么这个家庭会更加关注低碳农业的生产技术，也会在农业生产技术方面，积极采纳各种建议，以增加家庭收入。在利益的驱动下，农民会对农业生产有一个更全面、更深刻的认识。相反，就农业生产的过程而言，投入产出比与预期相差甚远，就会使农民失去从事农业生产的信心，他们会主动投身于产业，以谋求更高的收益。因此，笔者认为农民所在家庭的农业收入比例与其低碳农业生产意愿呈正相关关系。

（二）家庭承包耕地面积

在开展低碳农业生产时，经营耕地的面积也是农民需要考量的一个关键要素。在耕地面积大、劳动力相对比较大的情况下，很容易发生劳动力短缺的现象，如果在这时采取传统生产方式，可能会导致耽误农时，也可能会增大劳动力的投入。对于从事农业而言，农民更加青睐更高效、更先进的生产技术与生产方式，通过肥料施用和其他物质生产资料的投入，农民可以弥补劳动力不足的缺陷。家庭承包面积小的农民家庭，并不以农业收入为主要经济来源，他们往往会采取兼业的模式。在他们眼中，低碳农业距离自己的生活很遥远，他们没有必要重视低碳农业的相关资料。此外，农民对耕地质量评价与农户的经济状况有着紧密的联系，农民种植蔬菜、水果及其他经济作物的意愿均受到耕地质量好坏、耕地面积大小

① 胡保玲，顾善发. 农户采用低碳农业技术的影响因素分析及对策 [J]. 农村经济与科技，2015，26（06）：6-8.

的直接影响。这些都足以说明，耕地面积变量产生的影响仍是无法量化计算的，需要相关人员进一步地展开研究。

（三）人均年收入

在低碳农业生产风险的影响下，农民从事低碳农业的积极性不高。在农民从事低碳农业过程中，可能会因为化肥和农药用量变化，而导致作物产量下降、收益减少，进而造成农业生产成本上升、农业整体效益降低。因此，在农民进行低碳农业生产时，需要考虑其自身的经济利益以及相应的社会责任。面对这种情况，相关部门可以出台一定的高收益激励政策，让农民勇于接受有风险的新事物，并增强广大农民承受农业生产风险的能力，增强其开展低碳农业生产的积极性与主动性。相反，在不能得到较优厚回报的情况下，农民会对农业丧失信心，甚至他们之中会有部分人会选择从事别的行业。因此，笔者认为农户人均年收入对农户低碳农业生产意愿具有正向的促进作用。

第三章 中国低碳农业经济总体规划与目标

本章主要内容为中国低碳农业经济总体规划与目标，详细论述了中国低碳农业经济的总体规划、中国低碳农业经济的远景目标，以及中国低碳农业经济的主要内容。

第一节 中国低碳农业经济的总体规划

一、低碳农业经济总体规划的作用与意义

低碳农业经济规划是国家农业发展宏观调控的重要手段，是国家管理区域农业、发展绿色食品、满足人民生活要求的重要措施，是国民经济和社会发展计划、规划的重要补充，是促进农业经济、社会、人口、环境协调发展的调节机制，是建立社会主义市场经济体制，发挥市场配置资源的基础作用不可缺少的重要组成部分。它的作用与意义主要有以下几个方面。

（一）发挥区域优势，指挥组织农业生产

中国幅员辽阔，各地农业、自然、经济、社会、人文差异都很大，东、中、西三大地带差异明显。科学地分析、评价、规划农业生产区域优势，可以扬长避短，指导组织农业生产。

（二）协调人与自然关系，促进可持续发展，建立和谐社会

低碳农业经济总体规划追求绿色生产、绿色环境、绿色消费、绿色生活，这对保护环境、协调人与自然关系、促进可持续发展具有积极的影响，同时对满足人们对绿色安全食品的需求，提高人们的健康水平，建立和谐社会有着重要作用。

（三）统一市场，促进区域农业合作

低碳农业经济总体规划可以打破行政的区划界限，按照市场经济的要求，以市场配置资源为基础，贯彻统筹规划、合理分工协作、发挥比较优势、互惠互利、共同发展等原则，研究解决区域农业发展的重大问题，对促进区域农业产业结构的调整，以及横向农业经济的联合与协作都有着重要意义。

二、低碳农业经济总体规划的思路

低碳农业经济的总体规划是一个国家或地区在一定时期内具有全局性、决定性、长远性的有关农业发展重大问题的筹划与决策。因此，低碳农业经济发展总体规划思路正确与否关系农业发展的成败。低碳农业经济的总体规划思路我们强调以下几点。

（一）坚持按自然规律办事的思想

坚持按自然规律办事的思想就是要在实事求是分析评价所在区域农业自然资源、农业生态环境、农业生产力等实际情况的基础上，同时根据市场需求，按照自然规律办事思想来确定低碳农业发展方向和产业布局，绝不能凭主观臆断和个人喜好做违反自然规律的事情。

（二）坚持按经济规律办事的思想

在市场经济条件下，要分析国内外市场对农产品的需求，按照经济规律办事的思想来决定低碳农业发展规模和数量，以及农产品的品种和品质。

（三）坚持按农业生态规律办事的思想

农业资源的可持续开发，应在农业生产的组织过程中加以实施，始终坚持对农业生态系统良性循环的保障，采取干净、无污染及其他优势的农业生产技术，始终坚持低碳环保的理念，把经济的发展与农业生态环境附加值的提高挂钩，最终使得农业经济发展和农业生态环境达成和谐的状态，实现统一发展。

（四）坚持农业产业化经营的思想

要按照"种养加"一条龙、农工贸一体化、农业产业化的思路来考虑和规划

农业。通过促进低碳农业产业化经营的专业化、标准化、规模化、集约化来凸显自身优势，推行绿色农产品的精深加工。同时结合优势农产品的区域布局规划，将优质粮食的产业工程与之进行充分结合。值得关注的是，需要在发展项目的选择上，应当选择那些能够给农业生产带来巨大的冲击且能够有效增加农民收入等优势的低碳农业产业。

（五）坚持科学合理的指导思想

坚持科学合理的指导思想就是坚持总揽全局、统筹协调、分类指导、重点突破、有序推进的思想。就是要从农业发展全局通盘考虑问题，统筹协调各个部门、各个生产环节，按照不同区域农业生产实际进行指导低碳农业发展，找准其发展的重点和突破口，循序渐进，梯次推进低碳农业发展。

（六）坚持科技进步、政策扶持的思想

要研究低碳农业的实用技术、核心技术、关键技术，就要依靠科技来支撑低碳农业经济的发展。针对当前农业发展对人才的客观要求，应组织协调相关部门工作，制定能够适应当前状况的支持政策，比如，财政贴息、投资参股、信贷扶持等，以便能够进一步推动低碳农业能够实现稳定、健康且持续的发展。

三、低碳农业经济总体规划的特性

低碳农业经济总体规划主要有以下特性。

（一）长远性与近期性

低碳农业经济总体规划是一项系统工程，它可以是一项长远性的规划（一般在 10 年以上），还可以是近期的规划（一般 5 年）。规划既要考虑长远，还要考虑近期，远近结合，根据需要而定。

（二）整体性与综合性

低碳农业经济总体规划内容涉及自然、经济、社会、技术等生产要素，它们互相联系、互相作用，构成一个有机整体（系统），而不是规划内容简单机械地堆积。规划需要从区域的整体出发，综合分析农业的各市场要素，才能编制出一个科学合理的规划方案。

（三）区域特色性与协调性

低碳农业经济总体规划系统的对象是区域。各个区域又是千差万别的，因此规划必须立足区域的实际，去谋划区域的未来，形成有区域特色的低碳农业发展规划。如果一个规划失去了区域特色，千篇一律，那么这个规划就是失败的。规划还要更多地注重人与自然关系的协调、农业与其他产业发展的协调、农业内部各要素的协调、农业生产与外部环境的协调，构建一个可持续发展系统。

四、低碳农业经济总体规划的原则

低碳农业经济总体规划是一项多目标、多层次、多内容、多功能、十分复杂而庞大的系统工程，这就要求规划在指导思想上要用科学发展观统领总体规划，要把规划视为一个系统，应用系统论方法，树立系统的整体与综合的观念、地域特色与比较优势的观念、全面与长远发展的观念、人与自然相协调的观念、农业资源开发利用综合平衡的观念，从总体上把握规划的方向、目标，优化配置资源，合理布局生产，科学确定规划方案。在上述指导思想下还要遵循以下原则。

（1）实事求是的原则

在编制规划时，一定要从区域实际出发，绝不能脱离实际，主观臆断去编造规划。只有实事求是，客观、真实地反映区域的实际，才能编制出符合区域实际的绿色低碳循环农业规划。

（2）综合平衡协调的原则

在编制规划时，对规划的内容、资源的总量、措施与政策等必须进行综合平衡协调。例如，农业、林业、畜牧业等用地的综合平衡协调，农业产业发展投资与融资可能的综合平衡协调等。

（3）整体效益最佳的原则

在编制规划时，一定要从绿色低碳循环农业系统有机整体出发，把经济效益、社会效益、生态效益相统一，切莫顾此失彼，用牺牲环境为代价去换取经济的发展。

（4）统筹兼顾的原则

在编制规划时，一定要正确处理全局与局部、国家利益与地方利益、近期与远期的关系，做到统筹兼顾。

五、低碳农业经济总体规划的内容

低碳农业经济总体规划一般包括以下内容。

（1）低碳农业经济发展优势与劣势的系统综合分析

就是客观地、历史地、系统地综合分析区域农业自然条件、自然资源、经济、社会、技术、人才等因素，准确地确定低碳农业经济发展的优势与劣势。

（2）低碳农业经济发展的总体构想

就是根据区域农业的优势与劣势，对区域低碳农业经济发展方向、目标、重点、总体思路提出意见。

（3）低碳农业产业化发展与布局

就是对低碳农业经济产业化发展、经营规划与布局提出意见。

（4）低碳农业发展模式与技术支持

就是提出适宜当地低碳农业经济发展的模式与相应的技术措施。

（5）低碳农业发展与经济、社会、环境的协调发展

就是合理规划区域低碳农业经济发展规模，使农业发展与经济、社会、环境相协调，正确处理农业发展与自然的关系，搞好生态环境建设，实现区域农业可持续发展。

（6）低碳农业经济重大项目与重大基础设施建设

就是根据区域低碳农业经济发展的可能性而提出一些重大建设项目（如农业绿色高新技术园区建设），以及农业重大基础设施建设（如农业大型水利设施建设）。

（7）低碳农业经济规划总体效益的评估

就是对规划实施后所产生的经济、社会、生态效益进行总体评估，得出可能实现的效果。

（8）低碳农业经济规划的实施对策与建议

就是对如何实施规划、应采取哪些措施和政策提出意见，要特别注意所采取措施与政策的可操作性和实践的可行性。

第二节　中国低碳农业经济的远景目标

现阶段对于全世界的各个国家来说，气候变化已经成为非常值得重视的议题。世界各国在博弈中出现了新的焦点问题，那就是碳中和。值得关注的是，我国已经明确提出了"2030 年之前实现碳达峰，2060 年之前实现碳中和"的目标，也正因这一目标，使得我国在应对气候变化中由之前的积极参与者逐渐成为引领者、主导者。

习近平总书记强调："实现碳达峰、碳中和是我国对世界作出的庄严承诺"，更是一场涉及面广、影响深远的经济和社会的系统性变革。在新的国际变局中，应怎样面对大变革时代、构筑新的发展格局、贯彻新发展理念，已成为整个社会密切关注，热烈讨论的一个问题。

值得注意的是，在实现碳达峰与碳中和的目标的过程当中，农业领域是最为需要重视的一个方面，促进这一领域快速且全面地实现碳达峰与碳中和，能够助推农业生态文明建设的快速实现，更可以说是这是全面解决气候变化问题的一个重要手段。农业不仅是温室气体排放的主要来源（农业生态系统温室气体排放总量占全国的 6.7%～7.9%，主要是甲烷（CH_4）和氧化亚氮（N_2O）非二氧化碳温室气体），它还是一个极为关键的碳汇系统（经测算到 2050 年耕地 0～30 cm 土壤深度固碳潜力在 2 Pg 以上）[1]。

与其他产业的减排进行对比之后，我们能够较为清晰地发现，农业固碳减排更加经济有效，能够在减排过程当中进一步提高农产品的产量与土壤的肥力，并且还能够充分促进农业面源污染的减少，除此之外，还有多方面的好处。所以说，农业固碳减排被全球一致认为是解决气候变化问题的重要手段。农业固碳减排不仅有利于缓解全球气候变暖带来的不利影响，而且对改善生态环境质量、促进经济社会可持续发展也有重大意义。我国一直以来都十分注重农业在应对气候变化和固碳减排方面所发挥的巨大作用，并且在全国范围内不断推行各种计划与政策，将多项科研成果和技术在其中进行推广与应用，最终也成功获得了丰硕的成果。以"碳达峰和碳中和"为目标导向，农业农村部已制订农业"碳达峰"工作实施

---

[1]　赵永存，徐胜祥，王美艳，等. 中国农田土壤固碳潜力与速率：认识、挑战与研究建议 [J]. 中国科学院院刊，2018，33（2）：191-197.

方案，有关科研人员也纷纷发表了自己的意见和看法。但是相较于其他行业，农业本身属于维护国家粮食安全与生态安全的基础性产业，伴随着中国人口的增加和需求的不断增长，农业生产的碳排放在今后若干年内可能会一直保持增加的趋势。由碳排放向"碳达峰"转变，最终实现"碳中和"，不是一朝一夕就能完成的，对于我们所有人来说，任重道远。

在农业生产中，农业要实现碳中和并不是要求必须进行零碳排放，而且也并非需要牺牲农业产值、粮食产量来遏制碳排放，主要是基于对今后人均粮食消费需求大幅增长和饮食结构持续性变化的思考，以技术创新为手段，利用生产管理等途径，进一步降低或抵消农业温室气体排放，以便达成农业生产净零排放目标。

综合以上分析，我们可以得出以下结论，即农业的碳中和主要根据难易程度分为以下三个阶段的目标。是包括碳预算在内的本国农业净零排放目标。我们就将其称作"低碳目标"。值得注意的是，在全国范围内，碳汇总量被包括在向农业生产供应的碳排放限额之内，利用碳减排和碳抵消的手段，使农业净碳排放不再超过碳排放配额；二是实现国内农业的净零排放。我们就将其称作"零碳目标"。零碳目标就是要以低碳目标为前提，不再考虑农业的碳排放配额问题，进一步以碳减排、碳抵消为手段，降低农业的净碳排放，使之减少到了零以内；三是实现农业净零排放。我们将其称作"负碳目标"。负碳目标既考虑到本国农业生产的碳排放，也考虑到外国进口农产品在生产中产生的碳排放，以零碳为目标，需要不断减少本国的碳排放，以便使其能够达到可以充分抵消从国外进口农产品所产生的碳排放的水平。

第三节　中国低碳农业经济的主要内容

一、低碳农业经济的工作重点

低碳农业发展涉及"适应、节能、减排、增汇"等四方面内容，涵盖低碳农业技术开发和利用、低碳农业经营管理、低碳农业产业发展等众多领域，首先确定我国低碳农业发展的工作重点，以期以较小的成本—收益比，推进我国现代农业向低碳农业转型。

（一）生产资料减耗为主，田间释放减排为辅

生产资料的能源消耗是农业温室气体释放源头。我国农药、化肥、农膜等农业工业投入品排放的温室气体占整个农业源温室气体的8%～11%，其中化肥就占了7.83%，尤其是氮肥的生产、运输和过量施用已成为氧化亚氮（其温室效应值GWP是二氧化碳的310倍）的重要来源，也直接影响土壤的固碳能力，因此生产资料减耗应成为农业源温室气体减排的源头。

农业技术可以促进生产资料的高效利用。相对于田间释放减排技术，目前生产资料的高效利用技术已进入推广阶段，其中测土配方施肥技术、水肥一体化、精准施肥技术、氮肥深施等旨在提高肥料使用率的技术已经在我国多地应用，通过以上技术的推广，也将表现出其在农业生产节能减排方面的潜力。

生产资料减耗形成区域规模减排，参与国际碳交易。生产资料减耗形成的经核准的减排量参与国际碳交易项目是低碳农业发展的重要方面。例如，四川省2008—2010年通过测土配方施肥与美国环保协会签订交易额度为5万吨二氧化碳（CO_2）、金额25万美元的碳交易项目，农民参与农业温室气体减排交易项目，不但节约了生产成本、提高了粮食产量、减少了环境污染和温室气体的排放，还可从碳交易项目得到收益补贴。这种思路应成为我国低碳农业发展的特色方向。

（二）减废固碳作为最大潜力途径

有机质投入是增产固碳的关键途径。目前，我国农地严重缺乏有机质，而且每年产生大量有机废弃物生物质。以浙江省为例，在第二部分的核算中，我们已经定量分析了秸秆燃烧的碳排放（占农业碳源的4.81%）和秸秆还田的固碳减排效应（间接减排2.02%），还测算了禽畜粪便的甲烷排放（占农业碳源的4.88%），从中我们可以看出农业废弃物燃烧和丢弃的碳排放，也看出废弃物生物质资源化利用的减排效应。秸秆类、禽畜粪便等资源化还田能有效替代化肥投入，增加土壤的有机质含量，进而提高土壤的固碳能力和农业生产力。

我国生物质转化工程产业化技术已经成熟。目前，我国已经开发和应用以禽畜粪便为原料的有机肥产业，将低碳农业作为发展契机，大力发展以农林废弃物为原料的生物质转化工程（生物黑炭、生物气和生物油）和有机肥产业作为两大

低碳农业加工业，使废弃物生物质转化与循环利用走出减肥、减排、增产、增汇、增收的产业化模式。

（三）低碳型休闲农业作为最具特色发展模式

休闲农业是我国近年来发展起来的农业与服务业相结合的一种新型农业经营模式。同时，休闲农业的建设始终严格要求遵守生态农业（主要采用生物防治和有机质肥料，严格控制化肥和农药的使用量）或有机农业（不用农药、化学肥料等）的要求，所以在这一条件之下生产的产品都是无公害、安全性高的营养保健食品。此外，休闲农业还能够改善环境、增加农民收入，促进农村经济发展。值得一提的是，存在于该系统中的生物呈现出多元化特征，数量众多，并且林木的覆盖率也大大高于一般的农业区，这些优势使之成为发展低碳经济的最佳载体之一，所以休闲农业也是低碳农业（碳汇农业）中的一种重要模式。

我国可以通过多种形式的休闲农业，如农家乐、体验农业、森林碳汇旅游等，让游客了解低碳农业的生产模式，以及低碳农业对农产品质量的保障；同时，鼓励游客通过植树等方式补偿旅游中的"碳足迹"，让休闲旅游发挥普及低碳农业知识的教育功能，为日后发展低碳农产品和倡导低碳农产品消费模式奠定基础。

二、我国发展低碳农业的措施

（一）适应

农业对气候变化最为敏感，受影响最大，但农业生物对环境变化有很强适应能力，充分利用适应能力的成本明显低于减排增汇。

农村农业部应根据气象部门提供的未来气候变化的特点，以各级农科院为研究平台，明确气候变化对我国主要粮食主产区的影响，制定区域应对气候变化适应性对策。首先，重点是针对低温雨雪冰冻天气、台风等强对流天气、高温等对我国影响较大，且近年发生频率增加的气候现象，对新型农作物育种技术进行研发与应用。特别对于以农业为主的产业来说，要选育或引进具有抗旱、抗涝、抗高温与低温等能力的抗逆品种，充分发挥农业系统本身的适应能力。其次，强化农业生产管理的措施，比如，调整播期、移栽期、收获期；调整轮作抑或是间套作方式；对当地的环境条件进行一定程度的改善，或是按照周围环境对种植的区域与布局进行调整等，从而进一步增强农业系统的人为适应能力。

从潜在成本角度，提高气候变化条件下农业系统适应能力，主要包括两方面成本，一是培育和选用抗逆品种等生物技术开发和研究支出；二是设施农业、节水灌溉技术、精准农业、农业水利基础设施、防洪减灾体系等农业基础设施投资。

值得注意的是，充分发挥气候变化引起气候资源变化的优势，可以缓解气候变化给农业生产造成的不利影响，保持农业生产力不下降甚至进一步提高，起到节省、替代或提高物质投入效率的作用，可看成间接减排。

（二）节能

随着农业机械化的提高、农产品加工业的不断发展，以及农村生活水平的提高，由此带来的能源消耗和温室气体排放所占比重越来越大，通过第一部分的核算得知，我国农业能源使用排放的二氧化碳占整个农业源温室气体的 10% 左右。因此，清洁能源的开发与利用，以及农产品生产、加工设备节能减排成为我国发展低碳农业首先要解决的问题。

措施一：在农村发展可再生能源。就现有技术而言，主要是利用秸秆、禽畜的粪便与其他的农林废弃物进行加工，由此能够在当地优先发展农业生物质能，包括沼气（以养殖场畜禽粪便为主要发酵原料，获得的沼气主要用于居民集中供气、发电等的沼气工程；以农作物秸秆为主要发酵原料的秸秆沼气集中供气工程）；生物质固体成型燃料（农村农业部规划设计研究院已在北京市建成年产 1 万吨以秸秆为原料的固体成型燃料示范点，可用作小型锅炉用能）；生物质气化集中供气（主要以农林生物质剩余物为原料，通过热解气化集中供气，为农民提供生活用能）；生物柴油（可用作农业机械用能）；乙醇汽油（可用作农村摩托车用油）。不仅如此，还需要对周围的环境因素进行重点观测，并根据周围环境的特点，选择微水电、小风电抑或是太阳能等等。

措施二：推进农机节能减排。目前，我国小型农业机械在农村应用普遍，而保有量大、使用面广的单杠柴油机的小型拖拉机和三轮农用车效率低、能耗高，同时还存在着排放超标的问题。为了降低农机的碳排放，一是全面开展土地的整合工作，推行连片作业，促使大型农业机械能够充分发挥自身效能，也更方便工作者对机具进行合理配置。除此之外，还能够进一步提升农机的利用率并有效减少能源的消耗，从而切实推进实施节能减排工作，同时更新淘汰部分老旧农业机械、高能耗老旧装备。二是对现有资源进行整合。大力发展农机合作社，进一步提升农机社会化服务的组织化水平，由此能够在一定程度上减少一定区域之内的农业机械的配置数量。在该区域内，农机排放量也会相应下降。三是保护性耕作、高效节水等节能减排技术的推广，也可降低农机作业次数和油耗。此外，随着农产品加工业的发展，可考虑结合当地农业清洁能源，采用太阳能果蔬干燥成套设备等与清洁能源结合的加工设备。

（三）减排

1. 种植业减排措施（主要是减排 CH_4 和 N_2O）

措施一：灌溉节水技术。通过这项技术能够有效减少灌溉水的无效浪费，提高农业生产效益，按照作物的生长周期与需求饱和度对其进行适时、适量的给水。通过这种方式能够同时实现节水与减排。例如，湿润灌溉（保持最大田间出水量）和间歇灌溉稻田 CH_4 排放通量分别较淹水灌溉少 26% 和 40%。

措施二：科学施肥技术。我国化肥施用温室气体排放占整个农业碳源近8%～11%，因此化肥（主要是氮肥）的节能减排是农业生产减排的重要部分。选育低氮高效品种，提高氮素利用效率，减少农田氮肥投入和损失；$(NH_4)_2SO_4$ 和 K_2SO_4 等硫酸盐肥料使用会大幅度减少 CH_4 排放；减少化学氮肥用量，提高磷肥比例，可降低 N_2O 释放。另外，采用测土配方施肥的方法，按作物需求进行施肥，降低化肥用量，以确保农田土壤氮肥不会出现过多的情况；适当加大有机肥的用量，改良农田土壤通气条件，调整土壤的酸碱度；最大限度地减少农田土壤耕作，大力种植覆盖地面的植物；施用氮肥硝化还原抑制剂等，进而确保 N_2O 的排放量可以降低。

措施三：改善耕作方式。南京农业大学农学院、农村农业部南方作物生理生态重点开放实验室丁艳锋教授的研究表明：提倡水旱轮作和减少冬水田能够在很大程度上有效减少我国南方稻田的 CH_4 排放量；稻田免耕 CH_4、N_2O 分别较传统翻耕减少 28% 和 33%；节水灌溉条件下麦秸秆还田稻田 CH_4 排放可减少 25%；变秸秆翻施为表施也可显著降低 CH_4 排放。

措施四：发展有机农业。对于传统的农业系统而言，有机农业使用的矿物燃料要少得多，主要是因为：有机农业依靠农业内部投入就可以基本保持土壤肥力

（有机肥、采用豆科绿肥和覆盖作物为基础的轮作、间作、混作或套作等）；拒绝使用消耗能源的合成肥和保护作物的药剂；对病虫与杂草采用综合防治措施，利用适当的轮作来防治其中出现的杂草和病虫。除此之外，还可以利用害虫的天敌开展生物防治工作。

此外，由于大规模使用有机肥减少了化肥和动物饲料在生产和长途运输中的温室气体排放，因此有机农业对控制温室气体的排放有重要作用。

2. 养殖业减排措施（主要是减排 CH_4）

禽畜健康养殖技术。畜禽养殖是温室气体的重要来源，我国应以"节能减排、种养结合、资源循环利用"的理念，从"饲料、养殖、废弃物资源化利用"全过程发展低碳畜牧业。采用生态型饲料，推广秸秆青贮、氨化，日粮合理搭配等，逐渐抛弃传统的养殖方式，转变为清洁养殖的方式。通过建设畜禽养殖场，实现集约化养殖，其中产出的畜禽粪便、污水等，需要进行无害化处理及肥料化利用，由此就能够在很大程度上有效实现对于气候变化的适应和气候变化的减少。同时，以农业废弃物资源化综合利用为主攻方向，积极推进畜牧业转型升级，提高畜牧产业综合效益。兴建液体粪污大中型沼气工程，并严格按照生态学"整体、协调、循环、再生"的基本原理，对于部分没有清干粪的畜禽养殖场，使用厌氧生物处理技术结合物理处理技术进行处理，并兴建液体粪污大中型沼气工程。

（四）增汇

随着农药、化肥、农膜等工业投入品的不断增加、农产品加工业的发展、农业机械化程度的提高，农业消耗能源加剧，农业碳源压力将越来越大，因此巩固和发展农业碳汇能在较显著的水平上弥补农业碳排放。

措施一：应用保护性耕作模式。保护性耕作的模式主要包括：东北地区的留茬少免耕播种与垄沟深松耕作模式、西北地区的覆盖耕作、留茬耕作等高耕种模式、华北麦—玉两熟区免耕、旋耕秸秆还田模式、江淮麦—稻两熟区"秸秆还田＋免耕"模式、双季稻三熟区水稻秸秆还田少免耕模式等。

措施二：推广农林复合生态系统。要大力栽培木茎植物等，积极推广农林复合生态系统，林果间套种农作物，果—草生态模式，种植根系发达的豆科牧草，保护豆科、湿地、草地等"高碳"土壤以提高耕作土地中的碳素储备程度。

三、我国低碳农业的主要难点

（一）农业兼业化对低碳农业技术推广的限制

例如，有机农业主要以减少耕作土地、坚持间作及在淡季进行豆科植物的种植，来实现固氮作用增长土地肥力的目的；多施粪肥、秸秆及其他有机肥料，可以有效增加土壤中的碳含量。值得注意的是，虽然我国对以上种种做法开展了全面的宣传推广，但是很多人在农业生产的过程当中依旧未形成主动采取相关措施的意识，甚至还有一部分人对上述方法存在抵触心理。毕竟，若是减少了土地的耕种，虽然能够降低农民在农业生产中的人力投入，但是在未耕作期间，需要农民花费更多的力气对田地多施粪肥并进行秸秆还田，以确保能够实现土壤疏松与有机质补充的目的。这些工作导致农民必须投入劳动力，不但费时还费力，且劳动强度更高，得不偿失。因此，要想在有限面积内增加粮食产量，就必须发展多种农作物间套种植技术。间作套种能维持生物多样性，利用农作物之间某些互补作用，降低化肥农药使用量，但是这种种植方式会导致在农业生产中采取机械化耕作变得更加困难。

（二）农业经营组织形式对低碳农业技术推广的限制

因为我国的小农分布特征，所以很难发展规模化的低碳农业。简单来说，若是在一片区域当中只有一个农民或者一个种植园采用低碳农业模式，那么周围以化学农业为主的耕地，也会在土壤、空气、水源等方面对其进行污染，自然就会导致该地的有机农产品的质量难以得到保证，很难满足相应的标准，进而也会导致农产品优质优价的根本目的难以实现，而且农民很难获得理想的经济效益。因为对于农民来说，土地本身还有着社会保障的功能，由此许多农民不愿转让土地，造成土地细碎化及其他非规模化经营，在很大程度上制约着低碳农业技术的采纳与推广应用。

（三）资金设备投入对低碳农业技术推广的限制

正如低碳经济中涉及的交通、建筑系统的低碳改造和新能源的采用均需要投入大量资金用于研发和改造相应的基础设施一样，低碳农业技术的推广也需要相应的资金投入，如免耕和秸秆还田需要的设备投入；有机肥料的覆盖贮藏成本；

节水灌溉系统（喷、滴、微灌）的投资；新能源开发及采用需要的基础设施投入（沼气工程、太阳能、生物质能等）。另外，诸如采用测土配方施肥，土壤和肥料测定工作量不断加大，其中的许多资金投入依靠单独的农民或合作社是无力承担的，而完全依靠政府财政补贴也几乎是不可能的，因此资金设备投入成为限制低碳农业技术推广的一大瓶颈。

第二篇

低碳农业经济实践篇

第4章　我国低碳农业经济发展状况

本章主要内容为我国低碳农业经济发展状况，详细论述了广义低碳农业经济指数的变化、农业中种植业的低碳经济水平、农业中畜牧业的碳生产力水平及阻碍我国低碳农业发展的因素分析。

第一节　广义低碳农业经济指数的变化

本书谈到的广义农业，包括了广义概念下的农林牧渔业，相关低碳农业经济指数是基于国家统计局有关农林牧渔服务业总产值，以及本书计算的农业碳排放总量数据计算所得。我国广义大农业总产值从 1993 年的 10 642.5 亿元增加为 2012 年的 89 453.05 亿元，增加了 7.41 倍，年际增长率均值为 14.62%；而低碳农业经济指数由 1993 年的 6 641.81 元 / 吨碳增加为 2012 年的 43 443.86 元 / 吨碳，增加了 5.54 倍，年际增长率均值为 12.77%，如表 4-1-1 所示。

表 4-1-1　我国低碳农业经济指数变化表

年份	农业总产值 / 亿元	增速（%）	农业碳排放量 /10⁶ 吨	增速 /%	低碳农业经济指数 / 元 / 吨碳	增速 /%
2012	89453.05	10.02	205.90	1.23	43443.86	8.69
2011	81303.95	17.29	203.41	0.88	39970.12	16.27
2010	69319.60	14.84	201.64	1.03	34378.05	13.67
2009	60360.98	4.07	199.59	2.08	30242.84	17.41
2008	58002.17	18.63	195.53	1.04	29664.31	1.95
2007	48892.95	19.80	193.52	-0.37	25265.37	20.25
2006	40810.85	3.45	194.23	-6.90	21011.41	11.12
2005	39450.86	8.86	208.64	2.59	18909.00	6.11
2004	36238.99	22.05	203.36	5.23	17820.00	15.99
2003	29691.83	8.40	193.26	0.95	15363.77	7.38
2002	27390.73	4.63	191.44	1.64	14307.81	3.12
2001	26179.65	5.07	188.68	0.38	13874.98	4.68

续表

年份	农业总产值 / 亿元	增速（%）	农业碳排放量 / 10^6 吨	增速 /%	低碳农业经济指数 / 元 / 吨碳	增速 /%
2000	24915.76	12.00	187.98	9.86	13254.69	1.95
1996	22246.18	15.78	171.10	-4.96	13001.54	21.82
1995	19214.62	28.15	180.04	6.49	10672.47	20.34
1994	14994.31	40.89	169.07	5.51	8868.75	33.53
1993	10642.50		160.23		6641.81	

我国低碳农业经济指数的变化分为三个阶段，第一阶段 1993—1996 年，低碳农业经济指数增长率很大，均在 20% 以上，最高为 1994 年的 33.53%。这一阶段我国农业现代化、机械化水平逐步提高，农业经济总产值增长迅速，尤其 1994 年出现 40.89% 的高水平增长；农业碳排量由于农业能源、生产资料化肥、农药等的投入增加而增加，但增长幅度较同期的农业总产值要小很多，特别是 1996 年出现负增长，这主要是该年大牲畜存栏量锐减导致动物甲烷碳排放量降低，从而影响了农业碳排放总量，综合作用之下提升了低碳农业经济指数。第二阶段 2001—2005 年（本书缺乏 1997—1999 年的数据），是缓慢增长期，但该阶段出现了增长率相对较高的年份 2004 年，前文也做了交代，主要是 2004 年中央 1 号文件实施"三补贴，两减免"的政策极大调动了遭受了冷遇的农业生产，促进了农业经济的快速增长，虽然，也相应地增加了农业碳排放量，但是带来了低碳农业经济指数的增加。第三阶段 2006—2012 年，低碳农业经济指数迅速增加，这一阶段的特征是农业碳排放量的增速逐渐在降低，其间还出现了负增长，而农业总产值一直保持较高水平的增长，体现了我国低碳农业经济水平在稳步提升。在党的十七大报告中明确提出我国务必重视和关注农业领域的效益提升、资源节约等问题，随后才算真正开启了中国农业低碳化发展探索之门。

从区域差异来看，2012 年华东地区的低碳农业经济指数为 46 707.01 元 / 吨碳排名第一，东北和华北地区紧随其后，均超过全国水平（43 443.86 元 / 吨碳），如图 4-1-1 所示；西南和西北地区的低碳农业经济指数相对较低，分别为 34 749.60 元 / 吨碳和 32 534.94 元 / 吨碳；区域间的低碳农业经济指数变异系数为 18.51%，说明区域间的差异不是很大，远低于 1993 年的 33.49%，说明各区域农业经济发展都逐步在考虑低碳模式，各大区域之间的低碳农业经济水平的差异在缩小。从变化趋势来看，符合上文提到的三段式变化，2006 年以后呈现高速增长，20 世纪 90 年代初期次之，2001—2005 年属于缓慢增长阶段，尤其是农业碳排量这一因素总体呈下降趋势，特别是近 10 年来在全球变化和低碳经济发展背景下我国低碳农业经济指数总体迅速增加，各区域近 10 年来低碳农业经济指数年际增长率平均值均超过 10%。近五年来的年际增长率最快区域依次是西北、华北、东北、西南、华东和中南地区，平均值分别为 13.69%、13.28%、12.14%、11.38%、11.36% 和 10.99%，说明我国低碳农业经济理念已经在全国各区域农业发展实践中逐步推行。农业经济发展落后地区如西北、华北等地在迅速拓宽农业多元化发展路径，着实提升农业经济总产值，充分促进了低碳农业经济指数的增长；而农业经济基础较好的华东、中南地区的低碳农业经济指数也相对处于较高水准，在短时间内要提高增长速率并不现实。

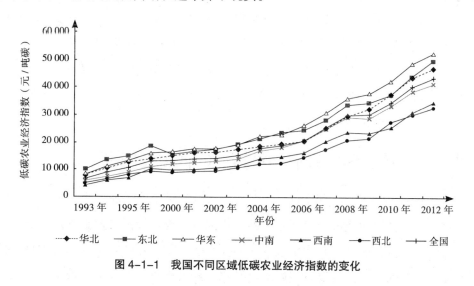

图 4-1-1　我国不同区域低碳农业经济指数的变化

从各省区情况来看，2012 年低碳农业经济指数排名前十的是北京、辽宁、福建、江苏、山东、天津、河北、浙江、上海和陕西，低于全国低碳农业经济指数水平的省区是河南、安徽、黑龙江、广西、湖南、新疆、贵州、云南、内蒙古、宁夏、甘肃、江西、青海和西藏等 14 个省区。低碳农业经济指数在各省区之间的差异较大，其变异系数为 42%，要远远大于大区之间的差异。低碳农业经济指数较高的省区主要是我国东部发达地区，较低的省区是中西部地区。另外，从农业经济总产值来看，排名前十的省份是山东、河南、江苏、四川、河北、湖南、湖北、广东、辽宁和黑龙江，但只有山东和河北进入了低碳农业经济指数前十名，说明这些省份农业经济的增速是落后于农业碳排放总量的增速。特别是河南、湖南和黑龙江这种传统农业种植业经济发达的省份，低碳农业经济发展水平居然低于全国水平，与农业经济大省的地位不相符，需要从农地利用过程中对于农业生产资料化肥、农药等高消费高能耗模式逐渐转变过来，减少碳排量，大力追求农业经济发展的效益，提升低碳农业经济指数。众多的发达地区，像北京、上海和浙江等省区的低碳农业经济发展水平较高，原因有二。其一是该地区的农业科技水平较高，注重农业发展的低能耗，在农业经济发展方式上逐步转向低能耗高效益；其二是大农业总产值中包含了除传统农业和畜牧业之外的林业、渔业和相关的系列大农业经济产业链，这些方面的发展更是体现了发达地区农业经济多元化的优势，因此发达地区的低碳农业经济指数较高，尤其是近10年以来的表现更为突出。相反，对于中西部传统农业大省来说，农业多元发展相对较慢，主要依靠传统的种植业和畜牧业，同时农业科学技术水平及其应用能力较差，推广较慢，而且为了追求传统种植业的高产只有加大农业生产资料如化肥、农药等的投入，自然加大了农业碳排放量，导致低碳经济指数较低。

第二节　农业中种植业的低碳经济水平

在广义的大农业经济发展过程中，我国传统的种植业（亦有很多学者定义为狭义农业）和畜牧业经济是最为主要的组成部分，也是我国农业碳排量的重要部分。其中，种植业中大量农业生产资料的投入和畜牧业养殖规模的加大均是碳排量增加的主要因素，同时也直接影响低碳农业经济水平。实际上，很多学者在研究国家或区域的低碳农业发展水平或评价低碳农业经济发展状况时，往往只考虑传统种植业或农地利用过程中的碳排放量，而这一部分恰好是和人类农业活动过程紧密相连，也最能反映低碳农业经济水平。笔者试图在农地利用过程碳排放量与稻田甲烷碳排放量之和的数据基础上，讨论种植业的低碳农业经济指数，即通过单位碳排量下的狭义农业产值来反映我国传统农业的低碳经济水平。

2012年，我国种植业低碳农业经济指数为35 636.94元/吨碳，相对于广义农业概念的低碳农业经济指数43 443.86元/吨碳减少了17.97%，其主要原因是种植业是广义农业中碳排量最主要的部分，但广义农业总产值中还包含了林业、渔业及相关的服务业，然而这些产值产生过程中的碳排量并没有计算进农业碳排放总量中去，因此种植业的低碳农业经济水平自然要低一些。1993—2012 年，种植业的低碳农业经济指数共增加了 396.5%，如表 4-2-1 所示，年际增长率平均值为 9.11%，总体呈明显增长状态。可以看出，种植业的低碳农业经济指数的变化分为明显的三个阶段，1993—1996 年为高速增长阶段，1997—2004 年为缓慢增长阶段，甚至在某些年份中出现负增长，2005—2012 年为较高增长阶段，低碳农业经济指数反弹回升。种植业低碳农业经济指数三阶段的变化充分说明了我国传统农业经济发展变化的历程，20 世纪 90 年代初期是传统农业经济总量增长较快的时期，大量的农业投入品、化肥、农药的使用带来了碳排量的高速增长，低碳农业经济指数较低，是典型的种植业高碳经济时期，其低碳农业经济指数具有极高的增长空间；进入 21 世纪初期后，受到减免农业税费等农业政策的刺激，农业种植业经济总量得到较高的增长，但其代价仍然是较高的碳排放，因此这一阶段的低碳农业经济指数增长放缓；自 2005 年以后，在国家强调发展节约型农业和全球低碳经济发展背景下，种植业真正在朝向低排放高效益的农业方向发展，因此低碳农业经济指数也就出现了反弹回升的变化状态。

表 4-2-1　我国种植业低碳农业经济指数的变化

年份	低碳农业经济指数 / 元 / 吨碳	增长率 /%
2012	35636.94	9.94
2011	32413.46	11.49
2010	29073.72	18.03
2009	24633.24	6.45
2008	23140.77	12.35
2007	20596.64	11.72
2006	18435.78	7.53
2005	17145.50	5.16
2004	16304.17	14.38
2003	14254.65	0.56
2002	14175.59	2.76
2001	13794.55	4.05

年份	低碳农业经济指数 / 元 / 吨碳	增长率 /%
2000	13257.20	-0.21
1999	13285.55	1.30
1998	13114.51	1.37
1997	12936.89	-0.68
1996	13025.78	11.74
1995	11657.73	22.58
1994	9509.96	32.49
1993	7177.67	

　　我国种植业低碳农业经济指数同样存在区域差异，2012 年华北地区以 49 131.97 元 / 吨碳排名六大区域首位，中南地区以 31 345.79 元 / 吨碳处于最低水平，其中东北、华东、中南三大区域均低于全国的种植业低碳农业经济指数 35 636.94 元 / 吨碳，六大区域之间的变异系数 19.86%，差异相对较小，如图 4-2-1 所示。而 1993 年各区域的低碳农业经济指数情况完全不一样，当年六大区域之间变异系数为 34.59%，差异较大，种植业的低碳农业经济水平均较低，但只有中南和西南地区的低碳农业经济指数均低于全国水平。

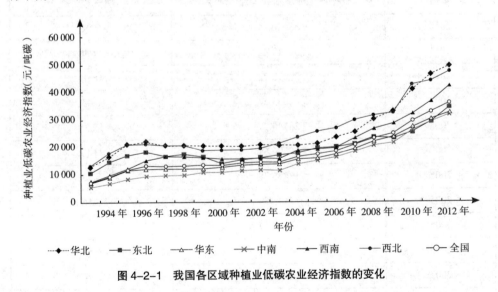

图 4-2-1　我国各区域种植业低碳农业经济指数的变化

　　从时间维度看，各区域种植业的低碳农业经济指数变化趋势和上文提到的全国趋势一致，同样大致可以分为相同的三个阶段。经过 20 年的发展，种植业的低碳式经济发展状况在各区域发生了根本性的变化，种植业经济总量较高的华东地区在低碳模式发展上相对落后于全国平均水平，而具备最高种植业经济总量的中南地区的低碳农业经济指数仍然位于各大区域最低值，充分说明了我国传统种植业大区在低碳农业经济发展道路上还有很长的路要走，因为这些区域相对较高的种植业产量和经济总量绝大部分都是依靠农地利用过程中大量的化肥、农药和农膜等农业生产资料的高投入，甚至是不考虑成本和效率的投入，必然带来碳排量的增加，从而导致低碳农业经济指数相对低下。华北和西北地区的种植业低碳农业经济指数一直高于全国水平，这主要是因为这两个区域的粮食产量相对较低，种植业经济总量基础较低，当地的水热条件远远不及华东、中南等区域，长期以来广大农民并不愿意在种植业上投入过多的生产资料，而转向寻求种植业之外的其他农业经济形式，如畜牧业等，自然而然在种植业过程中化肥、农药等带来的碳排放量同样远不及其他区域，因而在种植业低碳农业经济水平上取得了较好的发展；同时可以看到，东北区域由 20 世纪 90 年代初期领先全国的种植业低碳农业经济水平逐步下滑，到现在处于相对落后位置，其原因和华东、中南区域类似。

　　相对于六大区域间 19.86% 的变异系数而言，种植业的低碳农业经济指数的省级差异相对增大很多，2012 年 31 个省市间的变异系数为 31.36%，体现了在空间尺度变小和样本数增多情况下差异性增大的尺度拓展规律，这和上文提到的广义低碳农业经济指数省级差异具有相同的特点。然而，各省的种植业低碳农业经济指数都远远低于广义的低碳农业经济指数，排名前十的省区和广义低碳农业也有了较大的改变。2012 年，种植业低碳农业经济指数排名前十的是青海、北京、西藏、河北、山西、山东、新疆、陕西、四川和天津，低于全国低碳农业经济指数水平的省区是宁夏、海南、广东、云南、吉林、浙江、湖北、黑龙江、广西、湖南、安徽和江西等 12 个省区。与广义低碳农业经济指数较高的省区主要是我国东部发达地区不同，种植业低碳农业经济指数较高的主要是我国经济相对落后地区，如西北和华北大部分地区，而大部分中东部发达地区甚至是传统农业大省的种植业低碳农业经济指数水平却低于全国水平，表现差强人意。另外，从农业种植业经济总产值来看，排名前十的省区是山东、河南、河北、江苏、四川、湖南、湖北、黑龙江、广东和安徽，只有山东、河北和四川进入了种植业低碳农业经济指数前十名，说明这些省区农业种植业经济总量是建立在碳排放总量增长的基础上，而且前者的增速是要落后于后者。特别是吉林、湖北、黑龙江、湖南、安徽和江西这种传统农业种植业大省和粮食主产区的种植业低碳农业经济发展水平居然低于全国水平这些地区亟须从农地利用过程中对于农业生产资料化肥、农药等高消费高能耗模式逐渐转变过来，减少碳排量，注重农业新技术特别是节能绿色农业科技的应用，向低碳高效的农业种植业发展模式转变。

第三节　农业中畜牧业的碳生产力水平

笔者对畜牧业碳排放的相关数据收集整理有限，本书中探讨的畜牧业低碳经济指数也仅仅是基于我国大牲畜肠道发酵，以及粪便管理所产生的甲烷碳排放量数据和畜牧业总产值的分省年度数据计算而来，并不能全面反映我国畜牧业的低碳发展状况，笔者只是试图通过这样一个指标大致了解我国畜牧业的低碳经济水平现状及区域差异，因此在此用碳生产力来代替低碳农业经济指数可能更合适一些。

2012 年，我国牧业总产值为 27 189.4 亿元，畜牧业甲烷碳排放量为 74.19×10^6 吨，相应的牧业碳生产力为 36 650.16 元/吨碳。自 1985 年以来总体呈增长状态，如图 4-3-1 所示，其中 1995 年以前缓慢增长，1996—2005 年呈现较快增长，2006 年以后表现出极快增长。从图中还可以看出，1985—2005 年间大牲畜甲烷碳排量的变化和牧业生产总值、牧业碳生产力的变化状态基本一致，2005 年以后大牲畜甲烷碳排量呈明显下降直至平稳状态，但牧业生产总值仍在上升，说明在此期间我国畜牧业的发展更趋于理性化，更重视规模化科学养殖，过去那种粗放式的散养减少了，同时相应扩大了牧业产业化链条，充分挖掘出了牧业多元价值如肉、奶、皮、毛等多方面的初级产品及加工产品的价值，保证了牧业经济总量的增加，从而增加了畜牧业的碳生产力，提升了畜牧业的低碳经济水平。

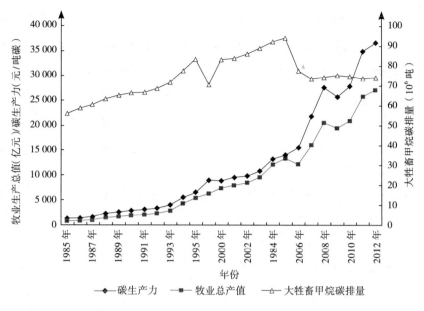

图 4-3-1　我国畜牧业碳生产力的变化

2012 年东北、华东和中南地区的牧业碳生产力分别为 61 981.64 元 / 吨、61 908.85 元 / 吨和 39 744.41 元 / 吨，均超过全国水平（36 650.16 元 / 吨），而华北、西南和西北地区的牧业碳生产力均低于全国水平；从六大区域的牧业碳生产力总体情况来看，各区域随时间的变化趋势与全国保持一致，但区域间的差异较大，区域之间的变异系数为 49.69%，说明我国畜牧业低碳经济发展存在明显的区域差异。中南地区的畜牧业相对比较发达，牲畜年存栏量排名区域第二，牧业总产值最高，然而其牧业碳生产力水平落后于东北和华东地区，刚刚超过全国水平；西南地区大牲畜年存栏量排名各区域首位，但牧业总产值相对落后，排名第四位，其牧业碳生产力低下是必然的，因为大牲畜的存栏量高一般会意味着甲烷碳排放量高，该区域牧业甲烷碳排量仅次于中南地区排名第二，同时该区域的畜牧业产业链和多元经济产值状况并不理想；东北地区大牲畜年末存栏量排名第三，牧业总产值排名第四，但牧业甲烷碳排量是各区域最低的，因此其牧业的碳生产力排名各区域首位；华东地区大牲畜年存栏量是各区域最低的，其牧业碳排量居于第四位，但该区域牧业养殖的多元化经济和产业链延伸很长，创造的经济总量排名第二，因此牧业生产力同样较高，排名各区域第二位。

我国牧业碳生产力的省级差异较之六大区域更大，2012 年我国牧业生产力最大的是江苏 111 560.99 元 / 吨碳，最小的为西藏 1 857.50 元 / 吨碳，31 个省区之间的变异系数为 58.12%。2012 年牧业碳生产力低于全国水平（36 650.16 元 / 吨）的省区是四川、广西、河南、山西、云南、内蒙古、贵州、宁夏、新疆、甘肃、青海和西藏，排名前十的省区包括江苏、北京、浙江、辽宁、安徽、上海、河北、广东、吉林和陕西。从国家统计年鉴中可以得知，2012 年我国大牲畜年末存栏量较多的 10 个省区依次是四川、河南、云南、内蒙古、西藏、甘肃、新疆、黑龙江、贵州和辽宁，而这些省区的牧业碳生产力大部分均低于全国水平，充分说明了这些省区的牲畜碳甲烷排放总量相对较大，拉低了该省的牧业碳生产力；另外，从 2012 年各省区牧业总产值来看，西藏、上海、天津、宁夏、青海、北京、海南、甘肃、山西和贵州是产值最低的 10 个省区，因此相应的省份牧业生产力低下。可以看出，我国传统大牲畜较多的西南、西北部省份牧业生产力相对低下，一方面是大牲畜数量多带来相应较高的碳排量，另一方面是牧业产业链延伸和多元化不够导致牧业总产值较低，结果自然带来较低的牧业生产力；中东部省区如江苏、浙江和广东等地的大牲畜数量并不多，带来的碳排放自然较低，但这些省份对于畜牧业产业链的挖掘和多元化经营下足了功夫，充分结合了市场的需要推出了以畜牧养殖业为基础的层次丰富、形式多样的初级产品和加工产品，创造的价值反而远远超过西南、西北等传统牧业省区，带来了很高的牧业生产力。所以在低碳经济背景下，我国西北和西南等传统畜牧省区要想提高牧业生产力，走畜牧业低碳经济之路，一定要在畜牧业产业链延伸和多元化经营上认真思考，转变传统观念，在不增加大牲畜数量的前提下着实提高牧业总产值。

第四节　阻碍我国低碳农业发展的因素分析

当前，世界低碳农业发展面临的主要问题就是南北发展不平衡，我国的低碳农业正处于开发的初始阶段，我国重点推广农业固碳技术，减少化肥和高碳能源的使用，重建农林湿地系统，发展生态农业循环经济模式，虽然取得了一定的进步，但仍存在着阻碍我国低碳农业发展的因素。

一、观念方面的因素

思想观念反映了人对原有的事物的认识与理解。一般而言，思想观念一旦形成便难以被转变。我国社会发展历经数千年，是一个以农业为基础的文明社会，小农传统经营方式在这段时间里逐渐发展成熟，在人们的观念当中，传统农业发展方式的重要性很难改变。现如今，我国的很多农民在思想趋于保守，并不愿意改变。但是需要注意的一点是，若是不对这种传统守旧的思想进行改变，就会在很大程度上对我国的低碳农业的发展造成负面影响。简单来说，之所以难以改变这种思想观念，主要是因为大多数农民的受教育水平不高，且对于传统意识过于因循守旧，除此之外，沿用至今的传统的生产经营模式也很难在一朝一夕当中被改变。

（一）文化教育水平低下

文化教育水平地下具体体现在以下三个方面：首先是学历偏低。许多农民并不具备足够的受教育程度，所以会导致其在生产过程中不能及时掌握先进的种植技术和经营理念；其次是农村教育环境恶劣。在农村的许多地区甚至还没有小学，就算有小学，老师的教学水平也很有限，加之一些地方的条件较差，许多孩子也因此丧失了去学校学习的机会。最后是思想守旧。许多人的孩子读书的目的就是要走出乡村，改变自己的命运，而这一切的最终目的就是"向钱看"，认为阅读并无太多效果，能够赚到钱也同样能够过上好日子。在以金钱作为最高宗旨的推动之下，在能够赚钱的时候，就会逐渐丧失对于学习的冲动。

（二）传统意识根深蒂固

在沿袭了数千年的农业生产生活模式之下，现阶段的我们很难直接将传统的思维观念进行改变，其并非一朝一夕之功，要经历一个较为漫长的过程。尽管一些农民能够认识到自然灾害及环境污染对自身的生产生活的不利影响，也意识到一定要改变以往对化肥和农药的依赖，但是在实践中还是会在很大程度上受到传统思想影响。实际上，很多新的技术并不容易在农村进行普及，毕竟对于大部分农民来说，自身抗风险能力差，所以较为习惯选择成本较低的、简便易行的传统技术，在技术选择上，始终倾向于经济适用型。而这种选择也就是我们常说的"路径依赖"。简单来说，就是新技术在应用的过程中，常常表现为报酬递增的形式，通常情况下，最先被开发的技术往往能借助先发优势，以其低廉的单位成本、良好的学习效应，以及适应性预期等使其能够更方便地被人们所掌握与接受。而且，很多时候，相比于这种先发技术有着更好表现的技术，可能会因为晚了一步，进入恶性循环，甚至被"锁定"在一定的被动局面下。另外，若想要转变思想观念，就应当具备开拓创新的意识及坚强的意志与自信心，除此之外，还需要保证自身所掌握的知识基础足够坚实，又要有充足的资金支撑自己的探索，但是以上种种条件，对于我国的广大农村农民来说，很难满足，因此开展农业的低碳化工作也会受到以上诸多条件的制约。

（三）传统的农业生产经营模式

我国在历史发展过程当中，我国的农业生产模式主要发展成为分散经营，各自耕种的形式。简单来说，这种模式之前的农业生产并不能够切实满足各种新兴技术在农业生产过程当中的推广，也就很难真正实现各种新兴技术的规模效应。另外，尽管家庭联产承包为主的经验模式等内容在很长的一个时间里大大推动了中国农业生产力的发展，实现了农村经济和中国经济的迅猛发展，但是这种模式难以经得起国际化的冲击，特别是在低碳经济的时代背景下，农业信息化技术的程度越来越高，为适应时代发展，就需要推行规模化的农业生产模式。从当前情况看，我国人口众多，其中农村人口在我国人口中占有很大比例，平均耕地也是并不多，所以这就导致我国在未来很长一段时间里，只能够继续坚持家庭联产承包责任制的农业经营方式，很难诞生规模庞大且统一的大农业。

（四）传统的化学农业生产模式

农药的过度施用和地力透支使我国低碳农业发展面临严峻的挑战。我国的化肥用量过多，但是化肥的利用率却十分低下。多种化肥农药的长期施用严重影响了土壤的营养平衡，不仅降低了土壤肥力，导致"长期使用化肥—土壤板结—加大化肥使用量"的恶性循环，还造成了严重的粮食作物农药残留，我国土地的"重病"亟待解决。当前我国的土地使用状况为"索取—注射'营养'—继续索取"，土壤质量日趋恶化，农业生产中土壤的贡献率比四十年前下降了 10%，地力的严重透支导致我国土地"过劳"。农业生产的方式短时间内难以改变，化肥农药的大量施用增加了农业投入成本，也污染了环境，但是为了保证粮食产量和国家粮食安全，化肥农药的施用又会继续增加，作为农业碳排放主要源头的化肥和农膜依然在农业生产中占据重要地位，传统的农业生产模式严重制约低碳农业的发展。

二、低碳技术落后

（一）低碳技术引进困难

低碳技术是一种以降低生产过程中二氧化碳及其他温室气体排放为主要目的而设计的特殊生产工艺与手段，涉及交通运输、电力能源、冶金化工等方面，只要对温室气体减排不利，均有低碳技术的参与。由此就能够将低碳技术进行更为准确的类型划分，分别是减碳、去碳、清洁能源技术，以及释放前和释放后的二氧化碳捕获和封存技术。简单来说，我国发展低碳经济的时间并不长，在短时间里也并未形成一套足够成熟的低碳技术体系。但是，在低碳经济发展态势如火如荼的今天，若是缺乏先进的低碳技术的支持，就难以得到良好发展，因此有必要将先进低碳技术引入国内。但是对于发达国家来说，低碳技术在一定程度上会涉及国家的战略安排。在全球变暖问题上，一些发达国家把发展低碳技术作为其实现工业化和现代化目标的重要手段。一些国家为占领全球最高峰的低碳经济，常常制约低碳技术的传播，特别是核心技术外漏问题更是被严令禁止，甚至于还有一些低碳技术被认定为国家机密，故亦严禁销售。除此之外，还有一些国家基于政治的角度进行考量，认为需要对部分国家或区域进行低碳技术的封锁，使一些国家在低碳技术的引进方面陷入困境。

（二）低碳农业技术水平落后

低碳农业作为低碳经济的重要组成部分，同样需要技术创新支持。我国农业发展过程中有很多科学工作者专注于作物良种的培育，农产品的优良品种覆盖率达到了 95% 以上。但不可否认的是，我国的农业技术创新水平不高，农业技术创新严重缺乏，这也为低碳农业的发展带来了很大的困难。一方面，农业科技人员总量较少，每一万农村人口中仅有四名农科人员，农业科技和先进农业种植知识难以得到推广传播；另一方面，发达国家农业科技进步贡献率能达到 80% 以上，而我国仅为 52%，我国农产品加工转化率仅为 30%～40%，发达国家则可以达到

80% 以上。财政对农业科技的投资仅占农业 CDP 的 0.25%，直接影响就是我国低碳农业技术的落后，导致传统农业模式的根深蒂固，环境污染、大量温室气体排放等问题接踵而至。

（三）自主创新能力不足

自主创新能够切实推动一国的进步与发展，每次技术革命都是由无数次的自主创新的积淀实现的。很多发达国家常常依靠自身的种种优势，以自主创新为抓手，实现持续突破。我国尚处于发展中国家阶段，经济水平较低，教育环境不强，总体文化素质不高，特别缺少世界顶尖级的专家学者，加之科研条件还不够完备，创新意识不强，动力不足等，导致我国自主创新能力不强。现阶段，我国若要实现经济发展模式的转变，并进一步促进产业结构的调整，就需要坚持走低碳经济的发展道路，缺乏技术是实现这一目的的一大限制。从近几年我国研发经费投入来看，与其他发达国家相比，我国仍然存在着较大的差距，尽管越来越多的科研资金投入其中，但最终成果并不理想。

若是站在农业立场上进行观察，也能够发现形势更不乐观，不只是农业科技的研究与开发投入的比重问题，还有农业科技人才、农业科技的转化率等，均明显低于发达国家，远没有达到低碳农业的技术要求。此外，还有技术失灵和市场风险、路径依赖等问题的存在，也会在一定程度上阻碍低碳技术得到创新。

三、缺乏低碳农业管理经验和相应的管理体系

（一）低碳农业管理经验缺乏

目前，国内开展了许多低碳经济研究的工作，通常围绕低碳能源与技术开展，却很少涉及低碳管理。陈军是我国低碳经济研究领域的著名学者，著有《低碳管理》一书，他的理论建立在现代管理理论的基础之上，结合企业的低碳管理的各种经典案例进行分析，深入地研究了低碳管理的内涵与意义。在他看来，低碳管理主要指的是低能耗、低污染、低排放的管理模式，它的本质是对资源的高效利用，追求低碳 GDP，核心在于资源技术与减排技术的革新、产业结构与制度创新，实现人的生存与发展理念的根本变革，其实质就是节能高效及人的管理。相比于传统的低碳管理的理念，他的理念主要有以下四个方面的特点：其一，低碳管理

主要就是将生态观念与社会消费观念进行融合；其二，要想实现低碳管理，必须唤醒消费者的低碳意识；其三，低碳管理建立在以产品为中心，以低碳产业为依托之上；其四，低碳的标准与标志是全世界通行的，并没有差异存在。

现阶段，我国并不具备足够的低碳农业管理的经验。之所以出现这种情况，主要存在以下两个方面的原因：其一，在低碳农业方面，我国的农业尚处于刚刚开始发展的阶段，相关实践的经验尚在摸索当中，加之受传统农业生产和经营模式制约，不可能快速传播低碳农业的技术与思想观念，由此就在很大程度上妨碍着我国低碳农业的实践发展，进而导致低碳农业的管理经验难以得到积累；其二，若要人们能够接受并应用先进的低碳农业管理理念，需要长时间的努力，但是值得注意的是，现阶段我国的农村人口在文化素质并不理想，也并未产生足够的自我创新的意识，所以就在很大程度上对上述管理经验的实施产生不利影响，也不可能形成与当地相适应的低碳农业经营实践经验。

（二）缺乏相应的低碳农业管理体系

黄海通过对发达国家在低碳管理方面的经验进行剖析之后，认为对于政府来说，要想大力发展低碳经济，就需要进一步加强低碳管理、健全低碳管理体系，若是缺乏科学和技术，不能合理且高效地推行低碳管理体系就不可能实现低碳经济的快速、健康发展。我国至今尚未有一套完善的关于低碳农业发展的法律法规，也尚未建立一个较为统一且综合的管理体系，以便能够对低碳农业生产加以指导，因此就会直接导致资源浪费，且环境也会因此受到严重污染，甚至农产品的安全也难以得到保障等。

1. 农业资源管理不善

我国的农业资源浪费现象较为突出，农业资源的利用率不高，导致这一现象的重要原因之一，是没有进行有效的农业资源管理。农业资源管理不理想，主要体现在以下三个方面：第一，化肥利用率不高。我国的化肥流失严重，不但直接导致经济损失，也严重损害生态环境并且对水质造成了污染。第二，农药的利用率不高。我国所使用的农药当中，只有大约 1/3 被农作物真正地吸收利用，剩余的大部分都进入了地下水与土壤，以及各类农产品当中。第三，农业用水的利用率不高。我国的水资源在时间和空间上都表现出分布不均的特点，降水量呈现南高北低型，水资源不丰富，但是农业对于水的需求量却很大。值得注意的是，我国的农业灌溉用水中有大约一半的水因为管理不善、蒸发、渗漏等原因被浪费。

2. 农业污染日趋严重

大量施用化肥和农药与使用农用机械，以及各种不科学的活动逐渐增多，导致我国的农业污染问题日益严重。值得注意的是，农业污染既影响粮食产量，也破坏生态环境，还会在很大程度上威胁着人体健康，甚至影响"三农建设"的速度。现阶段，在我国的农业污染中，以化肥、农药和农膜的危害最为严重。其一，化肥污染。我国对于化肥的利用率并不高，而这也正是导致农业污染的一个重要因素。化肥损失可导致土壤脱离中性，水生植物也会由于含有丰富的钾、磷等元素，使水质缺氧，进而损害生态环境，富营养化的水质，甚至会在一定程度上对地下水和空气造成污染。其二，农药污染。我国农药利用率不高，所喷农药如有三分之二滞留于植物表面，或者进入水体中，又或者进入土壤和其他动物的身体当中，在农药进入了生态链之后，会在很大程度上对生态系统的健康和良性循环造成不利影响，甚至会对人类的生命和健康造成负面影响。其三，农膜污染。现如今的很多农膜都为不可降解的白色塑料物质，若长期留在农田中，将对土壤质量造成严重影响。农膜作为一种农业活动中必不可少的生产资料，它对农业生产既有促进作用，也会导致土壤污染，甚至会直接造成农作物减产或者绝收。

3. 农产品安全问题突出

粮食安全对于我国的国计民生与社会和谐具有重要意义。近年来，食物中毒在我国频繁发生，其中，以农药中毒最为突出，而大部分都是由于食物中农药含量过高引起的农药中毒。在我国农业发展过程当中，农药一直是保障农作物生长必不可少的生产资料，人们较为倾向使用农药减少或杜绝病虫灾害的发生，以这种方式来确保国家粮食产量。近年来，我国农业的农药使用量越来越多。随着工业化、城镇化进程不断加快，人民生活水平日益提高，人们对于食品质量安全要求也越来越高。农药使用不合理会对农产品质量造成直接影响，农产品中残留物农药会对人体健康造成直接威胁。近年来，我国蔬菜和水果中的农药残留问题已经引起社会各界的普遍关注，尤其是一些有毒有害的有机磷杀虫剂。根据统计数据，蔬菜中农药残留量已经超过了国家所定标准的 22.15% 以上，在一些地区，蔬菜中农药残留量的超标率达 80%。因此，要提高农产品质量和安全性必须减少化学肥料、化学除草剂等高毒性农药的施用。除此之外，化肥的过量施用也会在很大程度上对农产品的安全造成负面影响。我国每公顷施肥量的平均值从 20 世纪中叶的 4kg 增加到目前的 400kg，一些省甚至在 600kg 以上，这些用量比发达国家所订立的 225kg 的安全用量还要多将近 2 倍[①]。

4. 相关制度有待健全

（1）资源、环境产权制度不健全

产权这个概念的存在历史十分悠久，数千年来，不论私有制经济还是现代市场经济，产权均为法律概念，规定了财产实物的所有权与债权，但是在社会经济日益发展的今天，产权的含义日益广泛，它不再仅仅是定义各项权利，也包括占有权、使用权与分配权等等。美国产权经济学家哈罗德·德姆塞茨（Harold Demsetz）把产权看成"让自己或者别人得到好处或者受到损害的权力"。著名的产权经济学家巴泽尔同时指出，产权界定清晰，在保护财富方面发挥着举足轻重的作用，环境产权具有模糊性，致使经济主体在享用环境资源时得到了利益，但却让其他人或者社会负担起了它所转移的代价。农村的资源与环境本身具备极强的公共属性，自然资源所有权与使用权分离，所以并不能够轻松地对其进行有效定义，承包使用权者受经济利益追求驱使，以掠夺式的方式开发自然资源，若无限制，就会造成自然灾害。

（2）农村环境管理制度不完善

对于现阶段的我国来说，"三农"问题已经成为改革中的一个重要步骤，但是长期以来，我国的发展思路主要是以工业为中心，以农业为辅助，导致农业在发展上既落后，又面临着环境污染所造成的危害。之所以出现这种情况，主要是因为尚未建立起统一、健全的管理制度。目前，农村环境保护存在着许多法律制度方面的缺陷，并且农村的环境监管体系不够完善。第一，我国的很多乡镇并没有设置环境保护的专门机构，县以下的政府对于农村的环境问题没有给予足够的重视，环境监察与监测毫无建树；第二，我国的环保专业人才匮乏，县乡级的环境保护机构未发挥自身作用。

（3）碳交易制度严重缺乏

碳交易的根本目的是在全球范围内推动温室气体的减排，形成以二氧化碳作为交易对象的一种交易机制。国内尚在探索当中，碳交易尚未形成一个系统的认

---

① 马晓旭. 我国低碳农业发展的困境及出路选择 [J]. 经济体制改革，2011（5）：71-74.

定，同时在很大程度上直接限制着低碳农业的迅速发展。因此，研究和探讨我国的碳交易市场体系建设具有重要意义。我国拥有丰富的碳减排资源，碳交易具有很大的市场潜力，只不过从规模和功能上来看，距离欧美发达国家的水平尚有一段距离。在全国范围内建立统一的碳交易市场，尤其是配额交易市场的建设是一个漫长的过程，而建立自愿的碳交易市场，将会为中国碳交易市场的平稳发展打下坚实的基础。现阶段，国内已有碳交易市场，大多数是以项目交易为基础的清洁能源发展机制，不只是交易过程中的机制与法规政策不够全面，而且还没有提供碳交易的地方，更别提与金融创新产品相关的碳证券、碳期货、碳基金和其他类型的碳金融衍生品。现如今，我国在北京、天津、上海等地设立了环境能源交易所。但是令人遗憾的是，自愿碳减排交易的成交量并不多，除极少数环保意识很强的购买者外，并没有高耗能行业的企业介入其中。同时，交易所自身没有完善的交易体系和规范的市场规则，碳交易缺乏有效的监管机制和风险控制手段，就导致交易所陷入"有场无市"的窘境。缺乏完善的碳交易制度会导致中国在国际碳金融和定价权争端当中陷入被动的位置，它不但严重地制约着我国低碳经济发展，还不可避免地对低碳农业发展产生了负面影响。

（4）金融支持不足

进一步推进农业低碳技术的研究与开发，不断加强对于农业、农村节能减排重点工程的支持，尤其要继续抓好农村沼气和节水农业等工作的落实，需有充足经费，要有健全的融资渠道和政府与企业、社会成员等参与其中，有必要构建方便农业与农村节能减排发展的金融长效机制与融资渠道。而我国现阶段对低碳金融的研究仅仅停留在试水的阶段，金融对农业的支持仍显薄弱，出现这一状况，主要是有以下四个方面的原因：第一，农业具有高风险性。之所以风险系数较高，主要是因为我国现阶段在低碳农业政策法规及制度方面有所缺失，当投资不明朗时，就很难确保这一投资行为是安全的，进而导致金融机构对农业发展难以积极扶持。第二，作为一种新兴的低碳农业，其高昂的投资成本也给金融支持增加了难度。第三，我国农村金融创新能力不足，很难保证低碳农业能够获得适宜的金融产品与个性化服务。第四，发展低碳农业的原则与金融机构的长远规划存在冲突。以上种种因素的存在在很大程度上对我国的低碳农业的发展造成了一定负面影响。

（5）法律制度不健全

我国尚未对低碳农业的有关研究与技术推广制定明确的法律法规，由此就在很大程度上对低碳农业的发展造成了限制。我国的法律制度目前还不够完善，具体表现在以下四个方面：其一，现行法律法规的实施困难重重。国家已颁布的有关规定，虽然对农业环境保护作出了相关规定，但是大多无具体实施细则，操作方法不规范，因此就很难形成科学的、行之有效的、合理的生态补偿机制与奖惩机制，在实际操作中有一定的困难；其二，我国与农业相关的大部分法律、法规很难满足现阶段农业发展的要求，现阶段运行的很多关于农业生产当中使用各种农用化学物质的法律法规并不健全；其三，现阶段运行的大部分农业相关的法律法规很难有针对性地对相关行为加以规范；其四，在低碳农业发展方面，缺乏一部专门法。若以法律形式把低碳理念融入我国规范，势必在很大程度上促进低碳农业的发展，但是现行的相关机制、技术条件与社会环境尚不能为我国低碳农业专门法律的制定提供理论与实践的支撑。

四、生态恶化，自然资源不足

我国耕地面积排世界第三位，仅次于美国和印度，国土资源部的数据显示，截至 2018 年，我国耕地面积 13 490 万公顷，林地面积 25 280 万公顷，草地面积 21 930 万公顷。但是因为人口众多，人均耕地面积仅为 1.45 亩，不足世界平均水平的 40%，人均林地和人均草地面积分别为世界平均水平的 28.6% 和 40.3%，农业发展粮食供给压力大和自然资源不足的矛盾凸显。而且很长一段时间内，过度追求经济发展的高速度，对自然环境破坏严重，引发了水土流失和土地沙化等一系列危及土地资源的环境问题，草地、林地面积不断萎缩，危机态势进一步加剧，导致发展低碳农业的动力和资源不足，压力过大。

第五章　中国低碳农业经济测度、特征分析与效率研究

本章内容为中国低碳农业经济测度、特征分析与效率研究，分别论述了中国农业碳排放/碳汇测度、中国农业碳排放/碳汇时空特征分析，以及中国低碳农业生产率研究。

第一节　中国农业碳排放/碳汇测度

以农业为主要碳源，推行农业生产，不管是种植业，抑或是畜牧养殖业，都会因为数量庞大的农用物资加入其中，而且农作物、牲畜本身具有特殊属性，不可避免地造成了温室气体的大量排放。同时，农业本身也是极为受关注的碳汇，农作物在进行光合作用的时候，能够吸附数量众多的二氧化碳并对净化空气有一定的效果。考虑到农业生产兼具碳源（排放）和碳汇两种性质，要想更精确地核算出低碳农业生产率，就需要同时兼顾这两个方面，即把农业碳排放定位于非合意产出，把碳汇和农林牧业总产值共同定位于合意产出，由此就能够体现出农业的生态效应。为达成这一目标，首先需要根据以往的研究结果，科学制定农业碳排放/碳汇测算指标体系，由此能够为之后的农业碳排放/碳汇测算奠定方法论基础。

一、农业碳排放测算体系的编制

（一）农业碳排放测算方法归纳与评述

韦斯特（West）对小农业（种植业）碳排放进行了比较系统的研究，把它们的碳源大致分为以下四种类型，分别是化肥、农药、农业灌溉、种子培育消耗的能量。约翰逊（Johnson）提出农业碳排放的主要来源是对农业废弃物进行任意处理、畜禽肠道发酵及粪便管理、农业能源的使用、水稻的生长和生物燃烧。根据

以上碳源，美国环保局（Environmental Protection Agency，EPA）利用层次分析法，对美国 2008 年因农业生产活动而产生的碳排放进行计量，结果显示，它的排放量相当于 4.275 亿吨标准二氧化碳，这些排放量当中约有一半涉及农地利用活动，除此之外，还有将近 1/3 是因为畜禽的肠道发酵。也有部分学者对作物、气候、土壤等进行了充分的考虑，成功构建了计量模型以便能够对农地土壤的碳转移量进行分析和评价，并且在实践中得到了广泛应用。除此之外，土地利用方式变化对农业碳排放亦有显著影响。一些学者对美国、欧盟、加拿大等国家（地区）的农业碳排放量进行了测算，研究发现它们在碳排放总量中所占比例相差很大，其原因是多方面的，也许是农业生产方式不一样。

我国学者在农业碳排放测算方面的研究是近些年才开始的，在之前，对于农业碳排放的测算主要是根据一个固定的角度开展，李长生等人用 DNDC 模型测算中国农田温室气体时，选择的主要突破口就是土壤。李国志等人对中国农业能源的碳排放量进行了测算，在碳源的选择上，主要有以下九种：煤、煤油、汽油、柴油、电、焦炭、天然气、燃料油、原油。

在深入研究的同时，有学者在大农业范畴的基础上开始对农业碳排放进行探索，并衡量和分析它们的总碳排放量。在这一方面的研究当中，董红敏等人为国内最早开展农业温室气体比较系统研究的学者，他们把农业碳排放分解为农田活动的碳排放、水稻种植和畜禽养殖的碳排放，对这些内容做了相关测算，稍有欠缺的地方就是只给分类，并没有列出较为具体的碳源指标。

从整体上看，农业碳排放测度从简单到复杂的发展，其中农地利用（或指农业物资的投入）和畜禽养殖碳排放研究框架已经基本统一，仅在二级指标的细化上存在一定程度上的差别，其相应的碳排放系数的数值亦较为一致，来源渠道也没有过于分散。简单来说，争论的焦点是稻田碳排放和土壤碳排放的问题。从现有文献来看，关于稻田碳排放量的估算方法较多。其中针对稻田碳排放进行估算比较普遍的做法是确定一个系数，再乘水稻的种植面积，但是各单位所给系数相差很大，有的单位考虑到地区差异或熟制差异，然后给出差异化系数，而另一些单位则习惯在全国各地给一个完全相同的系数。关于土壤碳排放，有些学者常用的方法是以特定区域内有关试验数据为土壤碳排放系数。而实际上土壤碳排放的多与少在很大程度上关系农地耕作制度，不同的耕作制度诱发的土壤碳流失量通常有很大差异，所以这种简单的套用系数，既不科学，又不可取。由此我们就能够确定，在下一步农业碳排放测算体系准备工作中，土壤的碳排放将暂时不计在内，关于稻田碳排放，还会选取同时反映区域差异和熟制差异的系数。

（二）农业碳排放测算指标体系构建与系数确定

我们所要研究的农业碳排放，就是农民在农业生产活动中产生的碳排放。在碳源选择方面，始终坚持"抓大放小"，并重点结合资料可得性，对以下三个方面进行重点研究：第一，农地利用活动导致碳排放；第二，水稻在生长发育期间产生的 CH_4 及其他温室气体的释放；第三，牲畜养殖的碳排放问题，其中主要包含了畜禽的肠道发酵所引起的 CH_4 排放，还有畜禽的粪便管理所引发的 CH_4 与 N_2O 排放。借鉴部分学者关于碳排放方程的构建方法，构建了下面的农业碳排放计算公式（公式1-1）。

$$E = \sum E_i = \sum T_i \cdot \delta_i \tag{1-1}$$

在上面这个公式当中，E 指的是农业碳排放总量，E_i 则是指所有类型碳源的碳排放量，T_i 是每一个碳排放源数量，δ_i 是不同碳排放源碳排放系数。根据以上定义和计算公式，从农业碳排放的源头特征出发，从农地利用、稻田、畜禽养殖这三个方面识别特定碳源因子和相应的碳排放系数。

1. 农地利用碳排放

根据前人的研究成果，向有关专家请教，得出农地利用活动引起碳排放的原因主要来自五个方面：其一是化肥的使用会直接或者间接导致的碳排放问题；其二是农药的使用而直接或者间接导致碳排放；其三是用农膜直接和间接造成碳排放；其四是用农业机械消耗柴油产生碳排放；其五是农业灌溉消耗电能导致碳排放。各种碳源因子及相应的碳排放系数如下（表5-1-1）。

表5-1-1　农地利用活动主要碳源及其碳排放系数

碳源	碳排放系数	参考来源
化肥	$0.895\ 6\ kgC \cdot kg^{-1}$	美国橡树岭国家实验室（2009）
农药	$4.934\ 1\ kgC \cdot kg^{-1}$	美国橡树岭国家实验室（2009）
农膜	$5.18\ kgC \cdot kg^{-1}$	IREEA
柴油	$0.886\ 4\ kgC \cdot kg^{-1}$	IPCC
灌溉	$266.48\ kgC \cdot hm^{-2}$	段华平等

注：IREEA为南京农业大学农业资源与生态环境研究所，IPCC为政府间气候变化专门委员会。

2. 稻田碳排放

稻田是温室气体 CH_4（甲烷）排放的一个十分重要的源头，但是因为我国地域广阔，各区域的水热条件的差别巨大，致使各地的水稻生长周期之内的 CH_4 排放率不一。为了寻求获得更精确的数据，本次调研以王明星、闵继胜等测得水稻 CH_4 排放系数为参考对象。这个系数主要是根据有关的模型输入天气、土壤、水文及其他相关参数，分别对各省的早稻、晚稻和中季稻进行了 CH_4 排放系数的测算，如表 5-1-2 所示。

表 5-1-2　我国各地区水稻生长周期内的 CH_4 排放系数　　　　g/m^2

地区	早稻	晚稻	中季稻	地区	早稻	晚稻	中季稻	地区	早稻	晚稻	中季稻
北京	0	0	13.23	安徽	16.75	27.6	51.24	四川	6.55	18.5	25.73
天津	0	0	11.34	福建	7.74	52.6	43.47	贵州	5.1	21	22.05
河北	0	0	15.33	江西	15.47	45.8	65.42	云南	2.38	7.6	7.25
山西	0	0	6.62	山东	0	0	21	西藏	0	0	6.83
内蒙古	0	0	8.93	河南	0	0	17.85	陕西	0	0	12.51
辽宁	0	0	9.24	湖北	17.51	39	58.17	甘肃	0	0	6.83
吉林	0	0	5.57	湖南	14.71	34.1	56.28	青海	0	0	0
黑龙江	0	0	8.31	广东	15.05	51.6	57.02	宁夏	0	0	7.35
上海	12.41	27.5	53.87	广西	12.41	49.1	47.78	新疆	0	0	10.5
江苏	16.07	27.6	53.55	海南	13.43	49.4	52.29				
浙江	14.37	34.5	57.96	重庆	6.55	18.5	25.73				

3. 畜禽养殖碳排放

在农业碳排放方面，有一个较为重要的源头，那就是畜禽养殖，其中关于反刍动物的养殖产生的碳排放极大，主要包含了畜禽的肠道发酵所引起的 CH_4 排放，还有畜禽的粪便管理所引发的 CH_4 与 N_2O 排放。在我国，主要涉及的畜禽有牛、羊、马、猪、驴、骡，以及各类家禽，如表 5-1-3 所示。

表 5-1-3　主要畜禽品种对应的碳排放系数

碳源	肠道发酵	粪便排放		碳源	肠道发酵	粪便排放	
	CH_4	CH_4	N_2O		CH_4	CH_4	N_2O
奶牛	61	18	1	骆驼	46	1.92	1.39
水牛	55	2	1.34	猪	1	4	0.53
黄牛	47	1	1.39	山羊	5	0.17	0.33
马	18	1.64	1.39	绵羊	5	0.15	0.33
驴	10	0.9	1.39	家禽	0	0.02	0.02
骡	10	0.9	1.39				

畜禽的饲养周期不相同，所以我们以胡向东、闵继胜等人的计算方法为参考，调整了畜禽的年平均饲养量。值得注意的是，数量在 1 以上的牲畜与家禽，在生长周期的选择上分别是 200 天、55 天。当出栏率超过或等于 1 时，平均饲养量随出栏量的变化而变化，计算公式如下（公式 1-2）。

$$N_i = \text{Days\_alive}_i \times \frac{M_i}{362} \tag{1-2}$$

在上面这个公式当中，N_i 是 i 种畜禽的年均饲养量，"Days_alive$_i$" 种畜禽的平均生长周期，M_i 主要指的是 i 种畜禽的年生产量。

出栏率低于 1 时，按年末存栏调整畜禽年均饲养量（公式 1-3）。

$$N_i = [C_{it} + (t-1)] / 2 \tag{1-3}$$

在上面这个公式当中，N_i 主要指的是 i 种家畜的年平均饲养量，C_{it}、$C_i(t-1)$ 主要指的是 i 种牲畜在第 t 年年末的存栏量和第 $t-1$ 年的年末存栏量。

此外，还需指出，为更好地进行分析，农业碳排放加总的时候，CH_4 和 N_2O 被统一标准 C 替代。根据 IPCC 的第四次评估报告（2007），我们能够明显发现，1 吨 CH_4 引起的温室效应与 6.818 2 吨（25 吨 CO_2）C 引起的温室效应等同，1 吨 N_2O 引起的温室效应与 81.272 7 吨（298 吨 CO_2）C 引起的温室效应是相等的。

二、农业碳汇测算体系的编制

（一）农业碳汇测算方法归纳与评述

部分国外的学者对林地土壤碳储量的研究比较集中，例如，塞巴斯蒂安

（Sebastiaan）曾讨论原始森林净碳汇能力问题，研究发现，地处寒带与温带的非托管原始森林尽管有一半（约合 3 亿公顷）被抵消了当地的碳排放，但是每年单独排放的碳也在 1.3 亿吨左右。国内学者的研究集中在两个方面，其一是林业碳汇的测度和分析；其二是计算农田生态系统的碳汇量。

总体来看，中外学者的研究角度多集中在林业碳汇方面，但是对于农田生态系统碳汇量也进行了深入的研究。在这方面多从农作物入手，调查它们在生长周期内对碳的吸收情况。其中，碳汇（吸收）系数测定时基本一致，只不过，有一些研究对选择农作物种类的考虑并不周全。目前关于草地碳汇，有关的研究还很少，碳汇系数很难确定，核算比较困难，各学者计算出的结果有很大差别。

（二）农业碳汇测算指标体系构建与系数确定

在本书当中，农业碳汇仅考虑了农作物生长周期内碳吸收问题，没有考虑碳汇效应也比较突出的林地与草地，这主要是因为林地与草地受到的人为影响比较小，人工参与的力度不大，倾注的心血、物质成本大大低于种植业。而且，它们的碳吸收能力不会突变，相比之下，种植业的碳吸收能力受环境影响较大，对此进行研究，更具实际意义。另外，当前学术界对它们的吸碳能力存在着很大的争论，没能形成一个比较一致的规范标准，根据各流派研究结论计算出的结果有很大差别。农作物碳吸收量是作物光合作用产生的净初级生产量，也常被称作生物产量，其计算公式如下（公式 1-4）。

$$C = \sum_{i}^{k} C_i = \sum_{i}^{k} C_i \cdot Y_i \cdot (1-r) / \mathrm{HI}_i \qquad (1\text{-}4)$$

在上面这个公式当中，C 是农作物的碳汇总量，C_i 是某作物碳汇量，k 是农作物的种类数量，c 是作物经光合作用所能够合成单位有机质应当摄取的碳的含量，Y_i 主要指的是农作物经济产量，r 是指作物经济产品中某一部分的水分含量，最后采用 HI_i 作为作物的经济系数。

第二节 中国农业碳排放/碳汇时空特征分析

一、中国农业碳排放时空特征分析

表5-2-1为2005—2019年中国农业碳排放的总量、结构及强度。由表5-2-1可知，2019年中国农业碳排放总量为94067.21万吨，相比2005年减少了6.85%，年均递减0.51%。其中，农业能源利用、农用物资投入、水稻种植、畜禽养殖所导致的碳排放量分别为13366.81万吨、24815.51万吨、24414.02万吨和31470.87万吨，占比依次为14.21%、26.38%、25.95%和33.46%。2019年，中国农业碳排放强度为2.31吨/万元，较2005年下降了47.38%，从而提前完成了中国政府所承诺的2020年碳减排目标。从整体来看，2005—2019年中国农业碳排放总量虽小幅下降但伴随着一定的年际波动，结合其演变特征可大致归为"波动下降—波动上升—持续下降"三个不同阶段。

2005—2008年为第一阶段。虽然农业碳排放量2006年较2005年有所增长，但总体下降趋势较为明显，短短3年时间内即减少了6.47%。大型牲畜养殖规模的缩减以及畜牧业产业结构的逐步优化是该阶段碳排放量大幅下降的关键动因。

2008—2015年为第二阶段。农业碳排放量除2013年表现出一定回落外，其他年份均呈明显上升态势且于2015年达到最高值103855.15万吨，相比于2008年增加了9.96%。农业能源利用、农用物资投入的持续增加是导致该阶段碳排放量增长的主要原因。

2015—2019年为第三阶段。农业碳排放量持续下降并于2019年创下整个考察期内的最低值94067.21万吨，较2015年减少了9.42%。该阶段碳减排成效的取得主要得益于国家战略的有力推动、能源与农用物资利用效率的不断提升以及大型牲畜保有量的大幅缩减。

农业碳排放强度在考察期间则一直处于下降态势，只是不同阶段的降幅存在差异。

表 5-2-1 2005 — 2019 年中国农业碳排放的总量、结构以及强度

年份	农业能源利用		农用物资投入		水稻种植		畜禽养殖		总量(万吨)	强度(吨/万元)
	碳排放量(万吨)	比重(%)	碳排放量(万吨)	(%)	碳排放量(万吨)	比重(%)	碳排放量(万吨)	比重(%)		
2005	12334.34	12.21	21623.63	21.41	23304.70	23.08	43727.39	43.30	100990.06	4.39
2006	12656.51	1234	22450.83	21.89	23463.68	22.87	44011.90	42.90	102582.91	4.24
2007	12732.59	13.09	23371.71	24.02	23079.71	23.73	38094.69	39.16	97278.69	3.87
2008	11916.75	12.62	24023.80	25.43	23287.75	24.66	35222.86	37.29	94451.16	3.57
2009	12228.52	12.67	24772.28	25.66	23462.66	24.30	36070.31	37.37	96533.77	3.49
2010	12771.94	13.00	25553.43	26.02	23519.51	23.94	36383.47	37.04	98228.36	3.40
2011	13813.10	13.82	26303.45	2631	23566.68	23.58	36270.06	36.09	99953.29	3.31
2012	14900.85	14.60	26947.47	26.40	23498.66	23.03	36715.65	35.97	102062.63	3.23
2013	14014.79	13.79	27385.37	26.94	23519.54	23.14	36715.61	36.13	101635.32	3.09
2014	14341.31	13.92	27838.25	2701	23550.76	22.85	37332.14	36.22	103062.46	3.01
2015	14878.24	14.33	27922.62	26.89	23619.74	22.74	37434.54	36.04	103855.15	2.92
2016	15191.01	14.66	27718.91	26.74	23607.81	22.78	37133.45	35.82	103651.19	2.82
2017	15685.77	1524	27014.43	2624	24705.07	24.00	35536.24	34.52	102941.51	2.70
2018	13555.81	13.87	25944.43	26.55	24621.68	25.19	33612.07	34.39	97733.99	2.47
2019	13366.81	1421	24815.51	2638	24414.02	25.95	31470.87	33.46	94067.21	2.31
累计增幅(%)	8.37		14.76		4.76		28.03		6.85	47.38
平均增速(%)	0.58		0.99		0.33		-232		-0.51	4.48

　　具体到不同类型的碳源，相比于基期，仅畜禽养殖碳排放量减少而余者皆有小幅增加。其中，农用物资投入碳排放的累计增幅最大，达到了14.76%；农用物资投入碳排放在考察期内经历了"持续上升—持续下降"的两阶段变化，并以2016年为转折点持续快速下降。农业能源利用碳排放累计增幅为8.37%，居于其次，在考察期内主要表现出"持续上升—骤降"的循环演变轨迹，2008年、2013年和2018年3个年份的农业能源利用碳排放与上一年度相比大幅下降，而其他各年份的农业能源利用碳排放相比前一年均有不同程度的上升。水稻种植碳排放增幅为4.76%，居于第三，在2016年及之前，除2007年、2008年等个别年份之外，其排放量处于相对平稳态势，基本介于23300万～23600万吨之间，而2017年较2016年增幅较大但随后处于逐年递减趋势。相较而言，畜禽养殖碳排放在考察期

内表现出明显的下降态势，累计降幅高达 28.03%，从演变轨迹来看主要经历了快速下降（2005—2008 年）、相对平稳（2008—2016 年）和持续下降（2016—2019 年）三个不同阶段。另外，从农业碳排放结构的变化情况来看，除畜禽养殖碳排放比重相比于基期减少近 10 个百分点外，农业能源利用、农用物资投入与水稻种植的碳排放比重均有不同程度的上升，相比于基期分别增加了 2.00 个、4.97 个和 2.87 个百分点。

二、中国农业碳汇时空特征分析

（一）中国农业碳汇时序演变规律分析

1. 中国农业碳汇强度时序演变特征

如图 5-2-1 所示，阐述样本考察期中国农业碳汇总量的演化。考虑到农业碳汇与其农作物的生物产量具有很高的相关性，并且生物产量的多与少，在某种程度上也决定着农业总产值，因此在对农业碳汇强度进行计算的时候，将农林牧业总产值作为参照变量并不具有科学性与合理性。为达此目的，本书选取以农作物播种面积为参照变量，并以此推算农业碳汇强度。根据图 5-2-6，我们可以知道，我国从 1993 年开始，虽然单位播种面积产生的碳汇量有一定的起伏波动，但是整体上是呈上升的态势，从每公顷 3.30 吨上升到每公顷 4.44 吨，平均每年增长 1.57%。根据它们的增减变化的特征，大致可以分为 3 个阶段。

1993—1998 年是第一个阶段，农业碳汇强度虽然曾于 1994 年略减，但是在之后时间中随着国家对该方面的重视和强调，一直在不断地发展，在 1998 年增加到每公顷 3.69 吨，故这一阶段可定义为"波动上升期"。

1998—2000 年是第二阶段，农业碳汇强度在这一阶段不断减弱，其中由于 2000 年比 1999 年下降 7.10%，使得播种面积每公顷产生碳汇量减少到 3.39 吨，很显然这个阶段是一个真正意义上的持续下降期。

2000—2012 年是第三阶段，单位播种面积碳汇量虽然有两次（2003 年、2009 年）减少，但是整体上升的轨迹比较明显，其中 2012 年碳汇强度达到每公顷 4.44 吨的最高值，结合其变化特征，这一阶段又可以看作是"波动上升期"的表现。

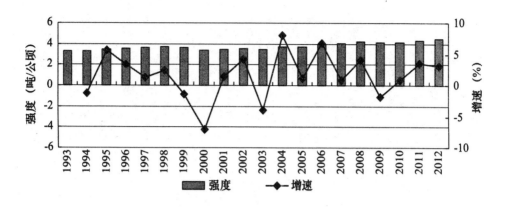

图 5-2-1　1993—2012 年中国农业碳汇强度变化及其增速

2. 中国农业碳汇结构时序演变特征

本书把农业碳汇划分为两种不同的类型，分别是粮食作物碳汇和经济作物碳汇，其中前者是指水稻、小麦等，在整个生长周期内的碳吸收，包括直接生产碳汇和间接生产碳汇两部分内容；后者是指花生、蔬菜等，在整个生长周期内的碳吸收，主要指通过植物光合作用过程而形成的生物固碳。从总量上看，虽然近几年两者都保持了增长态势，但是它的增幅和变化形态是不同的。如图 5-2-7 所示，粮食作物碳汇整体增速较为缓慢。

在演变规律上表现为增加和减少、再次升高三阶段变化特点，主要是品种选择和粮食产量的变化所决定，相比之下，经济作物的碳汇增速明显更快，从 7 869.65 万吨增至 18 629.28 万吨。从发展趋势的来看，随着人口增长和经济发展对能源需求量增加，碳排放强度不断增大，未来将面临更为严峻的环境挑战。在演变特征上，除了个别年份较前一年略有下降外，经济作物碳汇在绝大部分年份均表现出较显著的增加态势，由此我们可以推断出经济作物从 20 世纪 90 年代起，在农业生产上发挥着日益重要的作用。如图 5-2-2 所示，充分说明样本考察期间中国农业碳汇结构的演化情况，尽管粮食作物带来的碳汇占中国农业碳汇的绝大多数，但是它的比例整体上是呈下降趋势的，从 83.86% 下降至 74.33%，近乎减少了 1/8。根据比例的不同，能够将这一时期分为下降阶段和平稳阶段，其中下降阶段粮食作物碳汇比例不断减少，平稳阶段虽然出现了一些波动，但是整体上比较平缓，比例基本保持在 74% 左右。

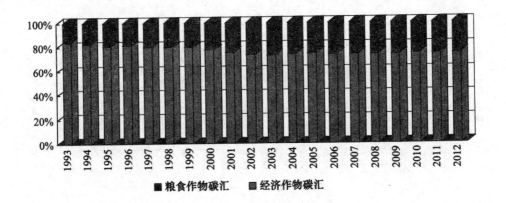

图 5-2-2　1993—2012 年中国农业碳汇结构变化

（二）中国农业碳汇空间差异分析

1. 农业碳汇总量省域比较

从 2012 年我国 30 个省（市、区）农业碳汇量大小排序来看，排在前 10 位的地区依次为河南、山东等，占全国农业碳汇总量的 63.86%；排在后 10 位的地区依次为西藏、北京等，仅占全国 5.81%，其中河南和西藏差距达 62.36 倍之多，可以发现各省区农业碳汇的总量存在十分显著的差异。整体来看，碳汇量居前的区域，除了集中在经济作物种植较发达省份之外，还集中在粮食主产省份，主要原因是本书只把主要农作物的种植品种当作碳汇源，没有将林地、草地的因素影响纳入考虑的范围之内。

2. 农业碳汇强度省域比较

碳汇强度因为不受资源总量基数的影响，所以可以十分客观地将某一区域农业碳吸收的程度充分反映出来，方便地区和地区之间的横向对比。如图 5-2-3 所示，我国 30 个省（市、区）农业碳汇强度存在非常明显的不同，整体呈现的特征是东北—华北高、北西—南东低。农业碳汇最高和最低的区域分别是广西和贵州。

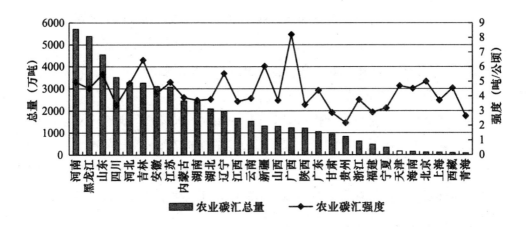

图 5-2-3　我国农业碳汇总量、强度比较（2012）

3.农业碳汇结构省域比较

从前面的分析中可以看出，全国农业碳汇有将近 3/4 来自粮食作物的种植，由此可见，粮食作物不仅在农业碳汇中占据着主导地位，更是主导源头。因此，在对农业进行管理时，应重点考虑其碳汇功能，并以此作为制定相应政策和措施的基础。我国地域辽阔，不同的地区有着不同的自然形态，不同区域的农业种植模式和品种选择在其选择上，也具有一定的差异性，由此使各地农业的碳汇结构并不完全相同。如图 5-2-4 所示，显示了根据粮食作物碳汇在农业碳吸收总量中的不同比例，并且将 30 个省（市、区）划分为五种不同的类型。

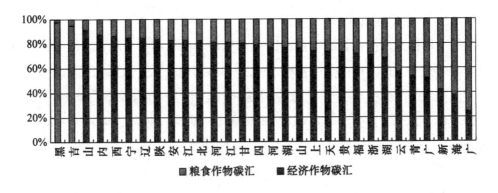

图 5-2-4　我国农业碳汇结构省城比较（2012）

（1）绝对（完全）主导型地区

绝对（完全）主导型地区指的是粮食作物碳汇比例在 90% 以上的区域，代表区域有陕西、吉林等，其中以玉米、大豆和其他粮食作物为主，经济作物的种植所占的比例比较小，全国主要商品粮基地包括吉林和黑龙江。

（2）相对主导型地区

相对主导型地区是指粮食作物碳汇比例在 80%～90% 之间，有宁夏、辽宁等地区，这些地区大多数在中国的北部，因为辽宁等地区作为主要的粮食产地，在其中占有比较重要的位置；其他区域受自身功能定位的制约，如北京是一个农业生产比较薄弱的地区，或者生态环境恶劣的西藏地区属于高寒气候，所以其经济作物的种植量都相对较少。

（3）一般主导型地区

一般主导型地区是指粮食作物碳汇比例在 65%～80% 之间的区域，有四川、河北等地区，在中国的华北、华东、华中及西南地区均有分布，主要分布在南方各省，较有利的水、热条件能使这些地区能够栽培不同种类的经济作物，如花生、棉花等，由此增加和提升经济作物的碳汇比例。

（4）略呈主导型的地区

略呈主导型的地区粮食作物碳汇比例在 50%～65% 之间，有滇、青、粤三省，滇、粤具有良好的水、热条件，适合栽培多类农作物，且经济作物以其投资的高回报率被广泛栽培；青海因生态条件差，农业生产水平相对滞后，所以作物品种的选择空间并不大。

（5）非主导性地区

非主导性地区粮食作物碳汇比例在 50% 以下的区域，有新疆、海南和广西，其中新疆是全国最大棉花生产基地之一，并且以其独特的优越自然条件，所产瓜果在国内和国外亦享有盛誉，在这些因素的影响下使经济作物成为该地区农业生产的主体；其余二省受益于其得天独厚的水、热资源，非常适合中热带水果的种植和栽培，经济作物种植量大，碳汇量高于粮食作物。

第三节　中国低碳农业生产率研究

一、研究方法

（一）环境生产技术

在任何经济系统中，完整的生产过程主要由两部分构成，分别是要素投入与要素产出。因此，农业作为国民经济重要的基础性和支柱性产业，亦不例外，对农业进行合理规划，实现其经济效益与社会效益最大化是十分重要的。农业生产大多数在投入了化肥、土地等生产要素之后，会得到合意产出和非合意产出，前者主要包括蔬菜、水果等，后者则包括废水、废气等，会造成环境的严重污染，继而对生态的可持续性发展产生十分不良的影响，同时这些非合意产出严重损害了人类赖以生存的环境，造成大量自然资源的浪费或短缺。在实际应用中，为了最大限度地减少和降低非合意的产出，经常采用以下两种方法和手段：第一，在应用的过程当中投入较多生产要素，但是这对于建设资源节约型的社会是不利的；第二，专门性的占用部分资源进行环境治理，但这很有可能造成合意产出的下降。针对以上问题，本文引入环境管制理论，以"污染避难所"为研究视角，该方法在生产效率的分析体系当中，以一种巧妙的方式将环境管制融入其中，并且构造出含有合意产出、非合意产出与投入要素间技术结构关系的集合体，我们通常将其称之为环境生产技术。

参考 Fare 研究并严格依据环境生产技术基本原则，可以在一个区域内设置 N 个不同的投入要素 x，产生 M 个预期的产出 y，有 I 种非期望产出 b（如废水等），公式表达（公式3-1）：

$$\begin{cases} x = (x_1, x_2, \cdots, x_N) \in R_+^N \\ y = (y_1, y_2, \cdots, y_N) \in R_+^M \\ b = (b_1, b_2, \cdots, b_I) \in R_+^I \end{cases} \tag{3-1}$$

环境生产技术的生产可能性原则，如公式3-2所示：

$$P(x) = \left\{ (y, b) : x \text{ can produce}(y, b) \right\}, x \in R_+^N \tag{3-2}$$

生产集 $P(x)$ 要符合下列条件：①$P(x)$ 是有界封闭集，表示 $P(x)$ 环境生产技术条件下的有限输入，仅可以产生十分有限的产出，简单来说就是，当生产要素的投入量一定时，它的产出也必然会受到一定的限制；②合意产出较强的可处置性，表示合意产出是完全可处置的，它的产出量可随意配比降低，并且这种强可处置性不用投入任何成本，具有零成本；③非合意产出的弱可处置性，说明在既定的投入条件下，非合意产出下降的代价就是合意产出，两者下降的比率在同时期可能是一致的；④合意产出和非合意产出的零结合性，也就是在产生合意产出的时候，不可避免地伴随着非合意产出，想要尽可能地避免产生非合意产出，只有停止所有生产活动。具体如公式 3-3 所示：

$$\begin{cases} P(x) \text{is compact } x \in R_+^N \\ (y,b) \in P(x) \text{and } y' \leqslant y \text{ imply} (y'b) \in (Px) \\ (y,b) \in P(x) \text{and } c' \leqslant c \text{ imply} (y,b') \in (Px) \\ (y,b) \in P(x) \text{and } b = 0 \text{ imply } y = 0 \end{cases} \tag{3-3}$$

在实际的操作与计算过程当中，能够用 DEA 的方法，将以上的思路变得更加具体化，具体而言是用 DEA 来表示环境生产的工艺和技术。假设时期 $t=1, \cdots, T$，有 $k=1, \cdots, K$ 个生产单位，投入产出变量为 (x_k^t, y_k^t, b_k^t)，则在规模报酬不变条件下该生产过程可描述为（公式 3-4）：

$$P^t(x^t) = \begin{cases} (yt,bt): \sum_{k=1}^{K} Z_k^t y_k^t, m \geqslant y_m^t, m = 1, \cdots, M; \\ \sum_{k=1}^{K} Z_k^t b_{k,i}^t = b_i^t = 1, \cdots, I; \\ \sum_{k=1}^{K} Z_k^t x_{k,n}^t \leqslant n = 1, \cdots, N; Z_k^t \geqslant 0, k = 1, \cdots, K \end{cases} \tag{3-4}$$

为表示合意产出与非合意产出的零结合性，假定（公式 3-5、公式 3-6）：

$$\sum_{k=1}^{k} > 0, i = 1, \cdots, I; \tag{3-5}$$

$$\sum_{k=1}^{I} > 0, k = 1, \cdots, K; \qquad\qquad (3\text{-}6)$$

公式 3-5 表示至少有一个单位在生产每一种非合意产出；公式 3-6 表示每一个生产单位至少生产一种非合意产出。

（二）SBM 方向性距离函数模型

DEA 模型多采用径向与线性分段的形式，这样虽然有效地保障了生产的可能，但是在有投入过度或者产出不足的情况下，径向 DEA 对生产单位效率估计的时候会偏高。传统上通常采用投影寻踪回归法估计决策单元的相对有效性，但是该方法往往忽视了不同规模下可能产生的无效现象。严格意义上来说，完全有效率的状态，应既无径向无效率，又无投入和产出的松弛，如果存在这样的情形，则需要引入新的参数来描述它。Tone 将投入产出松弛量引用到目标函数，提出一种基于松弛的非径向非角度率模型，使用新型模型可以有效地解决以上不足。借用 Tone 思想，在公式 3-4 的基础上，构建生产单位 $\beta2$ 时期，包含非合意产出的非径向非角度 SBM 方向性距离函数模型（公式 3-7）。

$$
\begin{aligned}
s.t. \sum_{k=1}^{K} &= Z_k^t y_{k,m}^t - S_m^y = y_{k,m}^t, m = 1, \cdots, M \\
\sum_{k=1}^{K} &= Z_k^t b_{k,i}^t = S_i^b = b_{k,t}^t, i = 1, \cdots, I; \\
\sum_{k=1}^{K} &= Z_k^t x_{k,b}^t - S_n^x, n = 1, \cdots, N; \\
Z_k^t &\geqslant 0, S_m^y \geqslant 0, S_i^b \geqslant 0, S_n^x \geqslant 0, k = 1, \cdots, K
\end{aligned}
\qquad (3\text{-}7)
$$

如公式 3-7 所示，目标函数 p^* 分子、分母分别测度生产单位实际投入、产出与生产前沿面的平均距离，即投入无效率和产出无效率程度。该目标函数值直接包含投入与产出松弛量 S^x、S^y、S^b，分别表示投入过剩和产出不足，有效解决了投入产出松弛的问题。p^* 关于 S^x、S^y、S^b 严格递减，且 $p^* \in [0, 1]$，当且仅当 $p^+ = 1$ 时，生产单位完全有效率，此时 $S^x = S^y = S^b = 0$，即最优解中不存在投入过剩和产出不足。x_{11} 表示生产单位存在效率损失，在投入产出上存在进一步改进的空间。

（三）Malmquist-Luenberger 生产率指数

在 Chung 等的研究基础上，Malmquist-Luenberger 生产率指数可以用来衡量包括非合意产出在内的全要素生产率。基于此，本文将介绍跨期动态的概念，借鉴了 Malmquist 关于指数的几何平均值的思路，构建了由时期 t 至 $t+1$，以乘除结构为基础，邻近参比为 SBM 方向性距离函数计算全要素生产率指数，并且将其定义为低碳农业生产率（LTFP）指数（公式 3-8）。

$$LTEP(x^{t+1}, y^{t+1}, b^{t+1}; x^t, y^t, b^t) =$$

$$\left[\frac{\overrightarrow{S_C^t}(x^{t+1}, y^{t+1}, b^{t+1})}{\overrightarrow{S_C^t}(x^t, y^t, b^t)} \times \frac{\overrightarrow{S_C^t}(x^{t+1}, y^{t+1}, b^{t+1})}{\overrightarrow{S_C^t}(x^t, y^t, b^t)} \right]^{\frac{1}{2}}$$

$$\frac{\overrightarrow{S_C^{t+1}}(x^{t+1}, y^{t+1}, b^{t+1})}{\overrightarrow{S_C^t}(x^t, y^t, b^t)} = \times \left[\frac{\overrightarrow{S_C^t}(x^{t+1}, y^{t+1}, b^{t+1})}{\overrightarrow{S_C^t}(x^{t+1}, y^{t+1}, b^{t+1})} \times \frac{\overrightarrow{S_C^t}(x^t, y^t, b^t)}{\overrightarrow{S_C^t}(x^t, y^t, b^t)} \right]^{\frac{1}{2}}$$

$$= EFF(x^{t+1}, y^{t+1}, b^{t+1}; x, y, b) \times TECH(x^{t+1}, y^{t+1}, b^{t+1}; x, y, b)$$

（3-8）

公式 3-8 中，LTFP（x^{t+1}, y^{t+1}, b^{t+1}; x^t, y^t, b^t）表示从 t 期到 $t+1$ 期低碳农业生产率变化情况，可分解为技术效率变化指数（EFF）和技术进步指数（TECH）。LTFP（·）>1 时，表示低碳农业生产率增长，反之则下降；EFF（·）>1 时，表示技术效率得到改善，反之则不断恶化；TECH（·）>1 时，表示农业前沿技术进步，反之则退步。

二、变量界定与数据处理

（一）农业投入变量

结合本书的最终目的，选择土地、农药等不同要素，将其作为农业生产的投入变量。运用计量经济学中常用的单位根检验方法分析了这些因素之间的关系，以及各投入要素的长期均衡关系。此外，为了使研究更具客观性、科学性与合理性，采用了比较分析方法。与前人的研究相比较，书中加入农药和农膜的投入变量，原因在于笔者认为农药和农膜在农业生产中的普遍应用也有较深刻的意义和作用，在实际研究的过程当中不可以。

（1）劳动的投入

从宏观层面考察，我国各省域农业劳动力数量和质量都具有较大差异，不同区域之间也存在一定差距。在农业生产中，劳动是最基础的生产要素投入，脱离了劳动力，别的农业生产资料就不能生产产品。根据数据的可得性，这一研究仍然对他学者们的普遍做法进行了科学的延续，以各省第一产业年底从业人员为替代指标，对劳动力投入变量进行深入的分析和研究，且不计劳动的类型和质的区别，以万人为一个单位。

（2）土地的投入

在确定复种指数时，以作物种植面积和复种率两个因素进行计算。众所周知，土地是各项农业活动的重要媒介，因为各区域耕地复种指数有十分明显的不同，以及在实际生产过程中也出现了休耕和弃耕的情况，以耕地面积为土地投入变量，容易造成测算结果的偏差。此外，各指标之间存在信息交叉，为了最大限度地排除复种指数的影响，参考部分学者的实践，选择农作物播种面积为土地投入替代变量，单位是千公顷。

（3）化肥的投入

应通过调整和完善施肥政策等手段来减少或消除化肥对环境造成的影响。我们都知道，化肥是农业生产性资料最主要的投入，可以供给农作物生长不可缺少的营养元素，可以改良和优化土壤的特性，增加土壤的肥力，从而进一步提高农业的产量，但是大量的使用化肥，又使得农业温室气体的排放加剧。研究的进程当中，以万吨为单位，计算各省每年农业生产化肥施用量。

（4）农药的投入

农药是一项重要的农业投入和生产性资料，能够用来防治、杀灭或防治对农业有害的病、虫等有害生物，进而让农业的增产和效益得到确切的保证。事实上，在农业生产的过程当中农药的大量使用，也造成了一些危害，主要包括污染环境、触发温室气体的释放，同时也会给人的健康带来许多不好的影响。本书以吨为单位，研究和计算各省每年在农业生产中使用农药的数量，以吨数表示。

（5）农膜的投入

农膜在农业生产过程中作为一类的重要资料投入，其主要用途是覆盖农田，起改善低温、保持土壤湿润，最终促使种子萌发和幼苗迅速成长等功能，从某种意义上来说它的性质和化肥、农药相同，即同为增产和增排双重性质。研究中统计了各省每年在农业生产中使用农膜的数量，以吨为单位。本书以吨为单位，研究和计算各省每年在农业生产中使用农膜的数量。

（6）机械动力的投入

应通过调整和完善施肥政策等手段来减少或消除化肥对环境造成的影响。大量应用农用机械，虽然可以快速促进农业生产的高效进行，但这也就意味着，柴油是农用能源的主要代表，伴随着使用量的不断增加，从而造成了巨大的碳排放。研究中以万千瓦为单位，计算了各省每年农业机械总动力。

（7）灌溉的投入

水资源对作物的生长发育至关重要，作为不可缺少的必备要素，在水稻产区和干旱、半干旱农牧区，一般采用灌溉的方式来满足农作物急需水资源的要求，这说明灌溉在农业生产的进程有着非常其重要的影响，所以建立农业投入指标的时候，要对灌溉的投入进行综合的全面性思考。本书具体以千公顷为单位，严格按各省份年实际有效灌溉面积来测算。

（8）役畜的投入

长期以来，役畜对农业生产起着比较重要的作用，近几年虽然伴随着农业机械的广泛使用，它的重要性有所降低，但是在某些边远的山区或农业落后地区，它仍然扮演着举足轻重的角色。为了使农民能够更合理地使用家畜资源，本文采用了全国各地具有代表性的数据对我国各省份的役畜投入量进行测算分析。为此，考虑农业投入的同时，役畜的投入仍然是不容忽视的。本书以万头为单位，计算各省当年所有大牲畜数所含农用役畜数量。

（二）农业产出变量

1.合意产出变量

因为本研究考察的是低碳农业生产率问题，所以设置合意产出指标的时候，不仅要对农业生态的产出变量进行全面的考虑，也要考虑农业经济产出变量。由于我国幅员辽阔，自然条件差异较大，因此不同区域间役畜投入存在一定差异，且这种差异性会对农户种植结构调整和经济效益产生影响。在对农业经济中的产出变量进行选取的时候，为了进一步符合农业投入的统计口径，本书还会用到广义农业总产值，并为最大限度地降低和消除价格波动所带来的冲击，以亿元为单位，用 2005 年度不变价的农、林、牧、林、渔总产值来表达。关于农业生态产出的指标，结合这一内涵，本书认为选取农业碳汇为替代变量的单位是万吨。

2. 非合意产出变量

在选择非合意产出的时候，已有的研究有两条实现途径：一种是采用单元调查评估法，对农业面源污染量进行评价，集中在对农业绿色生产率的研究上，这种非合意的产出选择同样被人们普遍所接受；另一种是对农业碳排放量进行估算，主要集中在碳排放约束对农业生产率的影响，非合意的产出选择对农业碳排放的影响同样符合研究的宗旨。考虑到本书以农业生产率为主线，选取农业碳排放为替代变量，对非合意产出进行研究，且不同于一般研究者不仅对农用物资利用所引发的碳排放进行思考，这项研究也会考虑稻田、牲畜养殖产生的碳排放问题。

（三）数据来源与处理

在第五章的第一节和第二节中，直接引用了农业碳排放和农业碳汇的相关数据。第一产业年末农药用量、从业人数和其他农业投入产出数据来源于《中国统计年鉴》《新中国六十年统计资料》及部分地方年鉴。在经济发展的同时，价格也在其影响下不断地变动，按实价计算产值无法纵向比较，因此采用 GDP 可比价原理，调整历年农林牧渔总产值数据，即采用《中国农村统计年鉴》公布的各地区上年不变价农林牧渔生产总值指数，以 2005 年不变价折算各地多年农林牧渔总产值，以符合第三章的内容。在此基础上，运用灰色系统理论和方法建立了种植业总产值预测模型（表 5-3-1）。

表 5-3-1　农业生产投入、产出变量的描述性分析

指标分类	刻画指标	量纲	最小值	最大值	平均值	标准差	样本量
投入指标	劳动力	万人	37.09	4148.00	1078.23	870.11	600
	土地	千公顷	213.5	14262.2	5173.75	3682.21	600
	化肥	万吨	1.5	684.4	150.70	126.71	600
	农药	吨	433	198764	46247.26	41675.51	600
	农膜	吨	21	343524	52119.09	54406.11	600
	农用机械	万千瓦	57.2	12419.87	2078.24	2223.87	600
	农业灌溉	千公顷	81.5	5205.6	1829.44	1392.7	600
	役畜	万头	0.01	1032.9	217.24	194.86	600

指标分类		刻画指标	量纲	最小值	最大值	平均值	标准差	样本量
产出指标	合意产出	农林牧渔总产值	亿元	41.17	5009.07	1192.72	998.01	600
		农业碳汇量	万吨	67.39	7038.84	1942.05	1540.05	600
	非合意产出	农业碳排放量	万吨	58.88	2204.31	845.15	560.15	600

表格中的内容展现出我国 30 个省，从 1993 年到 2012 年各项农业投入及产出指标相关数值的一般描述性分析。

三、中国低碳农业生产率增长与源泉

从低碳农业生产率的提高及其来源看，自 1994 年开始在低碳约束下，中国低碳农业生产率缓慢提高，以每年 0.80% 的速度增加，这一速度显得低于同时期农业绿色生产率、宏观经济和工业部门的生产率。在增长源泉方面，主要靠的是农业前沿技术的提高，它的年贡献率是 0.76%；技术效率年贡献率只有 0.04%，虽然规模效率略有提升，但是纯技术效率却处于略微恶化的状态，有进一步改进和优化的空间。

如图 5-3-1 所示，显示了具体至每年可知的情况，即 1994 年、1997 年、1999 年、2000 年、2002 年、2005 年和 2008 年的低碳农业生产率均在 1.0 以下，意味着我国农业的发展处于每况愈下的境地。因此，要实现低碳农业发展目标，必须提高低碳农业生产率增长率，而提升低碳农业生产率增长率最有效的途径是技术创新。1995 年、1996 年、1998 年、2001 年、2003 年、2004 年、2006 年、2007 年、2009 年、2010 年、2011 年和 2012 年的低碳农业生产率高于 1.0，其代表着这几年我国的农业发展处在一个持续好转的态势。其中，2010 年的低碳农业生产率是最高的达到 1.0617，说明这一年我国低碳农业生产水平有了很大的提高，同前年相比增加了 6.17%；2000 年的低碳农业生产率最低，只有 0.9555，表明这一年我国低碳农业生产水平正处于不断恶化的趋势，技术效率方面比 1999 年下降 4.45%。2010 年最高达到 1.0387，说明这一年农业技术效率提高对促进低碳农业发展起到了重要的促进作用，贡献率为 3.87%。从各地区来看，东部地区是我国低碳农业生产最发达区域，中西部则相对落后于其他省份。效率值最低值发生于 2007 年

只有 0.9594，技术效率与前一年相比急剧恶化，在一定程度上严重制约了我国低碳农业的进一步发展。从整体来看，我国低碳农业生产存在着严重的低效率问题。就前沿技术而言，增长幅度最明显的是 2007 年，这一年农业前沿技术取得了不小的进步，提高了我国低碳农业发展水平，达到 9.25%。从技术水平来看，虽然该年我国农业高新技术进步速度相对较快，但总体来说仍落后于发达国家；最低值则是 0.9257，出现在 2000 年，这一年农业技术的变化，不仅没有推动我国低碳农业的发展，反而让它变得更加恶化，这也造成了在这一年低碳农业生产率创考察期的新低。

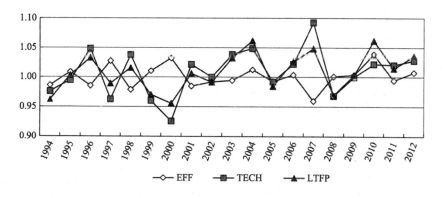

图 5-3-1   我国低碳农业生产率增长及其源泉变化（1994—2012）

如图 5-3-2 所示，展现出自 1993 年至 2012 年，中国农业生产率累积指数及来源的变动。我国低碳农业累积生产率主要经历了三个不同阶段的变化轨迹，即平稳起伏—波动下降—波动上升，最高值为 2012 年的 1.1645，同 1993 年比较，我国低碳农业生产绩效上升 16.45%；低碳农业生产率的累积指数值在 2002 年达到最小值，只有 0.9256，说明低碳农业生产效率比 1993 年下降 7.44%，技术效率累积指数较为平稳，大部分年保持在 1.0 左右，其中最高的年份是 2000 年的 1.0274，之后在略有下降的态势，并在 2007 年降到了新低，仅有 0.9646，之后又有过平缓的上升阶段，并且恢复到 1.0 或更高的水平。前沿技术进步累计指数主要经历了 2 个不同的阶段，分别是"平稳"和"波动上升"，累计值在 2012 年和 2000 年分别达到最高和最低，前者有 1.1555，后者有 0.9035。

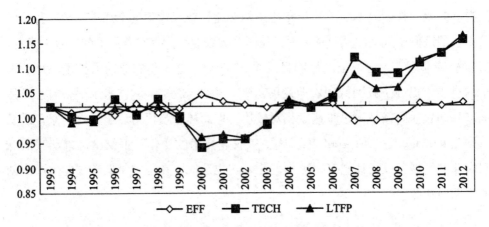

图 5-3-2 中国低碳农业生产率累计指数及其源泉变化（1993—2012）

（一）低碳农业生产率增长时序演变特征

如图 5-3-3 所示，中国的低碳农业从 1993 年至 2012 年，其发展大致经历了 3 个阶段，即平稳起伏、波动下降及波动上升。

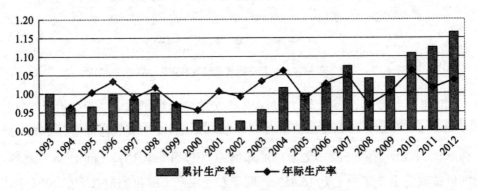

图 5-3-3 中国低碳农业生产率年际变化情况

（1）平稳起伏阶段

1993—1998 年是平稳起伏阶段，低碳农业的发展水平在这一时期虽然有一定的波动，但是累计生产率整体仍保持在 0.98 左右，并且五年中只略有增长 0.14%，所以我们可以推断出年际间变动较小。我国农业发展在这个时期处于快速上升的关键期，除了 1997 年其他年度农林牧渔总产值的实际增长（扣除价格影响）都超过 6%。总体看，我国低碳农业的发展速度明显快于农业经济，且具有较大发展潜力。与此同时，低碳农业并没有像农业经济那样保持继续高速发展的状态，主要有两个方面的原因：一方面，种植业发展，特别是提高粮食产量，主要靠大量的农用物资的投入，如农药、化肥等，虽然完成和实现了产出的增加，但也在一定程度上加剧了温室气体的排放，因而限制和束缚了低碳农业的进一步发展；另一方面，畜牧业作为传统农业的主体之一，其发展速度相对较慢，且规模偏小，对农业产值的贡献不大。随着国家的重视，畜牧养殖业在这一时期有了不小的发展，其中非常具有代表性的是生猪的养殖，出栏量从 37 823.8 万只快速增加到 50 215.2 万只，五年间增长了 32.76%。畜牧业产量的大幅提升虽然为低碳型农业发展提供了保障，但是畜禽粪污和污水对环境造成严重污染，使之成为一种新的污染源。另外，因为那时役畜对农业生产也起着举足轻重的作用，因此牛、马和其他大牲畜的饲养量还处于很高的水平，这就使得畜牧养殖所带来的碳排放量越来越大，继而对低碳农业的发展产生不小的影响。

（2）波动下降阶段

1998—2002 年间是一个波动下降的时期，仅在 2001 年略有回升（增加 0.58%），其他年份的低碳农业生产率都小于 1，与上一年相比较，都呈下降趋势，这就造成现阶段低碳农业累计生产率从 1.0014 下降到 0.9256。在此过程中，农业技术进步、产业结构优化及政府政策支持都起到重要作用，并且农业碳排放量在总排放中占较大比重，呈逐年上升趋势。我国农业增速大幅回落，各年农、林、牧、林、渔业总产值的增长速度都比过去低于 5%，这和当时的大环境存在一定的关系。此外，因负担太重，出现了"三农问题"，日益增多的农民从务农转到打工，我国粮食产量在此影响下，整体呈下降态势，除了对农业的经济、生态产出产生冲击和影响之外，还造成种植业总产值增长速度缓慢。粮食产量和农业碳汇产出有着紧密的联系，粮食产量的降低，导致了这一阶段中国农业的碳汇也在不断减少，呈现出下降态势，双重不利因素在很大程度上冲击和影响低碳农业的进一步发展。近年来，随着人们环保意识逐渐增强，国家出台多项政策鼓励和支持农业生产中使用有机肥及化肥等资源来改善生态环境。但是，由于大牲畜和生猪饲养量不断增加，畜禽养殖带来的碳排放仍在迅速增加的轨道上，并因此影响到低碳农业的蓬勃发展。

（3）波动上升阶段

2002 年至 2012 年间是波动上升的阶段，低碳农业的发展水平从 0.9256 上升到 1.1645，在此过程中，农业技术进步、产业结构优化及政府政策支持都起到重要作用。我国农、林、牧、渔总产值在这一阶段表现出较为稳定的增长趋势，年平均增速大多在4%～6%的水平，比第一阶段稍慢，却快于第二个阶段。2004年以来"惠农型"中央一号文件的连续颁布，使得农村生产力得到了解放，农民种田的积极性、主动性得到提高，农业生产水平有不小的提升和发展，数次刷新粮食产量的历史新高，取得前所未有的"十连增"成绩，不仅带动和促进了种植业总产值迅速提高，使养殖业产值得以大幅增长，成为拉动整个国民经济快速增长的重要动力之一，同时也使农业的碳汇量进入快速的关键发展期，有利于推动低碳农业的发展。此外，该阶段我国单位面积化肥施用量下降明显，且粮食播种面积和单产均有较大幅度增长，因而单位面积化肥投入量也大幅降低。事实上，上述内容仅是我国低碳农业发展水平提升的一部分原因，还有一个至关重要的原因，那就是中国畜牧业产业结构在持续优化和完善，我国畜牧业在这一阶段依然保持着良好的发展趋势，总产值屡创新高，更让人高兴的是它所造成的温室气体排放量，并没有和畜牧业总产值同步增长，表现为脱钩的状态。造成这一局面的主要原因是我国畜牧业产业结构，在这一阶段得到了大幅度的优化和完善，大牲畜数量减少，加大"低排放，高附加值"畜禽饲养，这样既能保证畜牧业的产出，同时也降低温室气体的排放量，实现了低碳发展。

（二）低碳农业生产率增长源泉及其演变特征

1. 低碳农业生产率增长源泉

就历年低碳农业生产率增长来源而言，1995年、1997年、1999年、2000年、2008年及2009年，主要取决于农业技术效率的优化与提升，不管是规模效率还是纯技术效率，所发挥的作用基本相当，同时前沿技术呈现不断恶化的趋势。1996年、1998年、2001年、2003年、2007年和2011年，主要得益于农业尖端技术的发展，技术效率处于恶化的状态。1994年、2002年和2005年，技术效率不仅在恶化，前沿技术也开始退化。从整体上看，农业前沿技术的进步对农业生产率的提高，具有较为显著的促进和推动作用。

2. 农业技术效率演变特征

从图5-3-4可知，在促进低碳农业发展方面，农业技术效率的提高起到的效果比较低，它的年平均增长率只有0.04%。其中，1995年、1997年、1999年、2000年、2004年、2006年、2008年、2009年、2010年与2012年，农业技术效率虽然处于改善的良好状态，但是改善的幅度并不大，大部分年份都在 3% 范围之内，有的年甚至还没有超过 1%。1994 年、1996 年、1998 年、2001 年、2002 年、2003 年、2005 年、2007 年和 2011 年，农业技术效率均呈现恶化的趋势，在这些情况中有两年的恶化程度比较严重，超过了 2%，因为两年期间有着比较强的反复性，使得农业技术累计效率值变化规律虽然并不显著，但根据它的演变轨迹，仍然能够大致分为 3 个不同阶段。

（1）波动起伏

1993—2001 年，是一个跌宕起伏的时期。农业技术效率在这一阶段的变化波动虽然比较剧烈，但整体上呈现出"升—降"的循环变化特征，最后改变的范围很小，累计值只从 1.0000 上升到 1.0115，只上升了 1.15%。

（2）相对平稳

2001—2006 年是一个较为稳定的时期，农业技术效率的年际值在这一时期，都保持在 1.0 附近且波动不大，累计值虽然有所下降，但是并不多，由 1.0115 降至 1.0054，5 年间仅减少了 0.60%，变化范围不大，因此可以把这一时期划分为平稳阶段。

（3）波动起伏

2006—2012 年又是一个波动起伏的时期，尽管经历过大起大落，但是与 2006 年相比较，农业技术效率积累值没有发生显著改变。在这一过程中，2010 年和 2007 年是大起大落的阶段，2010 年的农业技术效率值比前一年提高了 3.87%，改善幅度为多年来最大，2007 年比上一年下降了 4.06%，它的恶化程度还达到历年最高水平。

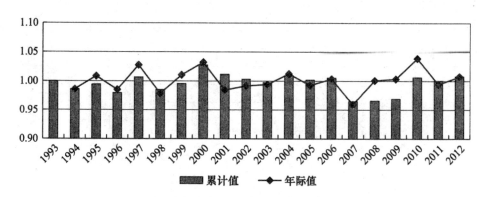

图 5-3-4　农业技术效率年际变化情况

如图 5-3-5 所示，1997 年、2006 年及 2009 年，主要取决于纯技术效率，且规模效率呈现出恶化的趋势；1995 年、2005 年、2008 年和 2011 年主要得益于规模效率的优化和改善，纯粹的技术效率则是在恶化的态势中。尽管表面上看，两者所起的作用是大体一致的，但是从整体上看，规模效率对农业技术效率的提升具有较为明显的促进和推动作用，平均效率是 1.0010，说明农业技术效率年提高幅度达 0.10%。纯技术效率平均效率是 0.9994，表明在它所调查的时期内，非但没有提高农业的技术效率，反而还引起一些恶化效应。

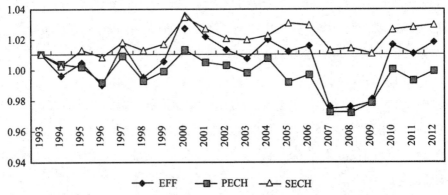

图 5-3-5 低碳农业技术效率累计指数及其源泉变化（1993—2012）

3. 农业前沿技术进步演变特征

相比之下，农业前沿技术的进步和发展，对推动和促进我国高效农业进一步发展起到十分明显的积极作用，它的年平均增长率更是高达 0.76%。如图 5-3-6 所示，农业前沿技术有时在进步，有时在恶化，并不存在规律性，然而综合它们的变化特点，能够大致划分为 5 个不同阶段。

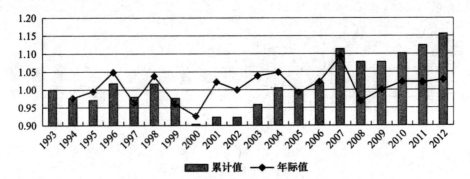

图 5-3-6 农业前沿技术进步年际变化情况

（1）平稳阶段

1993—1998 年之间是起伏平稳阶段，尽管有一些波动，但是整体上的变化范围较小，年平均增长速度也只有 0.33%，同时因为在这一考察期内出现过一些波动，所以不能简单地将其界定为"平稳"。

（2）不断下降阶段

1998—2000 年之间是不断下降的阶段，农业前沿技术已经连续两年出现了大幅度的退化态势，退化幅度分别为 3.99%、7.43%，前沿技术累计值在整个考察期内亦创新低。

（3）波动上升阶段

2000—2007 年之间是波动上升的阶段，农业前沿技术除了 2002 年和 2005 年有轻微的退化以外，其他年份均呈进步和上升的态势，这一阶段的年平均增速是 2.64%，上升幅度更为显著。

（4）持续下降阶段

2007—2009 年之间是持续下降的阶段，2008 年和 2009 年的农业尖端技术呈退化的状态，与前一年相比，分别减少 3.20% 和 0.04%。

（5）持续上升阶段

2009—2012 年之间是持续上升的阶段，农业前沿技术在这一阶段连续取得进展，增长速度分别是 2.21%、2.06% 和 2.82%。

第六章 低碳农业经济发展模式与技术

本章主要论述低碳农业经济发展模式与技术，分别介绍了种（植）养（殖）空间立体结构生态系统模式与技术、农业资源节约与物质循环利用系统模式与技术、农家庭院绿色低碳循环农业模式与技术、绿色休闲农业与农业科技（生态）产业园区模式及技术。

第一节 种（植）养（殖）空间立体结构生态系统模式与技术

低碳农业种养空间立体结构生态系统模式是指农业生物之间在空间垂直方向上的组合配置，即在某一区域的耕地、林地、水域、农家庭院等土地上，根据农业资源的特点和不同农业生物的特性，在垂直方向上建立由多物种共生共存，多层次合理配置，多级质能循环利用的立体种植、养殖等的农业生态系统模式，从而实现农业资源的高效利用，最少排放废弃物和污染环境，获得更多的物质产量，达到农业经济效益、生态效益和社会效益的高效统一。低碳农业空间立体结构生态系统模式一般有：农田立体模式、水域立体模式、林果地立体模式、养殖业立体模式、农家庭院立体模式等。

一、农田立体种植模式与技术

农田立体种植模式是一种可以使土地实现地尽其用、物尽其力的优秀种植模式。这种种植模式是将不同品种的作物，按照农田生态规律进行间作、套种、混种、复种等科学种植，在广泛利用现有的自然资源、生产条件和现代农业科学技术手段的基础上，实现单位土地、单位时间和空间内光、水、肥、热、气等自然资源的最高利用。农田立体种植技术是一种可以中国优良传统种植经验为基础的，可以帮助种植户实现较好经济效益、社会效益和生态效益的手段。

（一）粮菜（粮）高效立体种植模式与技术

这种种植模式比较适合在精耕细作地区和城镇郊区等水肥条件比较好的土地区域进行。在具体实施时主要采用小麦套种水稻、小麦套种谷子、小麦套种甘薯和小麦套种玉米等一年两熟的粮食作物作为主体，在保证作物产量和土地质量的前提下，再加以具有更高经济价值的瓜果蔬菜类作物，以提高单位面积内土地的经济效益。在耕作制度的制订上，一般是一次性地将播种带的宽窄、畦面的大小和参与后茬作物及时间等细节制订下来，提前一年就将两茬主体作物间需要套种、间种、混种等瓜果蔬菜，以及豆类等高经济效益的作物确定到计划中。一般都是结合秋季小麦种植时间，其间还可以加入越冬性作物，如菠菜、大蒜、洋葱等的种植。在早春时节可以在麦田中套种小油菜、小白菜、早熟甘蓝和地芸豆等成熟速度快的作物。在进行麦收之前，除了玉米、谷物、甘薯等第二季作物的套种之外，还可以移栽或者套种一部分西瓜、生姜、马铃薯等高经济效益的作物。在收完小麦后的还可以在夏播作物间作豆类和秋菜等作物。常见的间作方式有小麦套种玉米间作大豆，小麦套种玉米间作夏谷，小麦间作甘蓝套种玉米间作大豆，小麦间作越冬菜套种玉米间作蘑菇，小麦间作越冬菜（指菠菜、薹菜、大蒜、洋葱下同）套种玉米套种大白菜，小麦间作越冬菜套种玉米套种黄瓜，小麦间作越冬菜套种玉米套种番茄，小麦间作越冬菜套种生姜，小麦间作大蒜（或洋葱）套种玉米间作秋菜（萝卜、芥菜、大白菜等），小麦套种玉米间作菜葫芦，小麦套种马铃薯套种玉米间作大白菜等。这种种植模式可以在保证粮食作物收成的前提下，多收取一到两季的蔬菜瓜果类作物，在原有的基础上增加 500 元不止的收益，是效果较好的高产高效种植模式。

这类模式主要技术包括：小麦、玉米、萝卜、芥菜、大白菜、菠菜、蔓菜、大蒜、洋葱等蔬菜种植与田间管理技术，农作物之间的空间合理配置与套种技术，施肥技术，行株距比例设计等。

（二）粮棉菜立体种植模式与技术

这是一种比较适合在春棉一熟制地区进行的种植模式。经过改革耕作制度，可以实现在棉花的冬闲季节增加一季小麦的种植或者是越冬菜的种植；还可以是在小麦套种棉花一年二熟制的基础上，在棉花间进行越冬菜或者瓜果类的行间套种植。这样既可以保证棉花增产或棉花小麦的双增产，同时增加一部分高经济效益作物的收成。在耕作制度的安排上一般采取拔完棉花后，确定好种植规格后进行整地、施肥和晚茬小麦的种植。在预留出的套种行上综合小麦的种植情况，间作洋葱、大蒜、菠菜等越冬菜。也可以在第二年早春时间作小白菜、小红萝卜等速生作物，在蔬菜收取完后，于4月中下旬开始棉花的套种。例如，小麦间作大蒜套种棉花，小麦间作洋葱套种棉花，小麦间作越冬菜（或秋芥菜）套种棉花间作萝卜，小麦间作越冬菜套种西瓜套种棉花，小麦间作越冬菜套种棉花间作绿豆，小麦间作芥菜套种棉花间作辣椒。

这类模式主要技术包括：小麦、棉花和蔬菜、瓜类种植与田间管理技术，农作物之间的空间合理配置与套种技术，施肥技术，行株距比例设计等。

（三）粮油菜立体种植模式与技术

这类模式多是在水肥条件较好的花生产区开发推广。在保证小麦套种花生一年两熟的收成基础上，在套种花生的套作行间作瓜果蔬菜的种植，这种种植模式一般情况下可以实现一亩增收300元以上的经济效益。从秋种开始，在制作好的大垄沟内进行小麦的播种，在垄上间作菠菜等越冬菜。在第二年收完蔬菜之后，进行春季花生或半夏花生的套种，还可以同时间作西瓜、辣椒等秋收蔬菜。例如，小麦间作越冬菜套种花生套种西瓜，小麦间作大蒜苗套种西瓜套种花生间作秋菜，小麦套种西瓜套种花生间作玉米，小麦间作越冬菜（或套种花生间作芝麻）。

这类模式主要技术包括：小麦、花生、油菜、芝麻、蔬菜、瓜类种植与田间管理技术，施肥技术，农作物之间的空间合理配置与套种技术，行株距比例设计等。

（四）水稻高效立体种（养）植（殖）模式与技术

这类模式以水稻为主体作物，冬春季种植各类经济作物或在水稻田中养殖各种高档水产品，既可保持水稻较高的产量，又可比稻麦两熟制大幅度提高经济效益。一般选用的模式有"洋葱（荷仁豆、大蒜、马铃薯）—单季稻""简易大棚栽培西甜瓜（草莓、黄瓜、辣椒、茄子）—单季稻""冬春蔬菜—青糯玉米—后季稻""冬春蔬菜—西瓜、甜瓜（四季豆）—后季稻""冬春蔬菜—单季稻＋螃蟹（青虾、鲫鱼）"等。

这类模式的主要技术包括：水稻、马铃薯、荷仁豆、大蒜、黄瓜、辣椒等蔬菜种植与田间管理技术，螃蟹、青虾、鲫鱼等养殖业管理技术。

（五）棉菜高效立体种植模式与技术

这种种植模式的主体作物是棉花，在冬季、春季、秋季时节复种其他经济作物，这样就可以在保证棉花的产量的同时还能够有效增加单位土地面积的经济收益。一般选用的模式有"马铃薯（榨菜）套种棉花""春毛豆（蔬菜）套种棉花套种荷仁豆（萝卜、大蒜）""棉花套种大蒜（西葫芦、西瓜）"等。

这类模式主要技术包括：棉花和蔬菜、马铃薯等种植与田间管理技术，施肥技术，农作物之间的空间合理配置与套种技术，行株距比例设计等。

（六）农业综合开发生态模式与技术

这种农业发展模式是一种综合发展模式，可以同时兼顾种植、养殖、加工、经营和生态保护。常用的技术有养殖技术、立体种植技术、加工技术和沼气技术等关系到民生发展的技术。

以上立体种植模式是在总结传统的间、套、复种增产经验的基础上，经过大量的试验、示范和生产实践，研究总结出的一门新兴的、综合性的应用农业科学技术。农田立体种植模式是增加农业收入，农民科学致富的重要途径。符合中国人多地少、精耕细作、集约经营等特点，有着强大的生命力和广阔的发展前景。广大农民可以通过立体种植，高效栽培，利用当地的自然资源、生产条件，因地制宜地改革和运用各种各样的立体种植模式，充分发挥自己的智慧和才能，不断地挖掘土地的增产潜力，加快低碳农业发展。

二、水域立体养殖模式与技术

（一）池塘立体养殖模式与技术

池塘立体养殖模式主要有莲藕塘立体养殖、鱼鸭立体养殖、青虾河蟹混合立体养殖等。

（1）池塘莲藕—鱼立体养殖模式与技术

池塘莲藕立体养殖是选择水源充足，水体无污染，进排水比较方便，面积为

10～20亩，池深1～1.5 m，池底淤泥厚20～40 cm的池塘，塘基高70 cm以上。池塘水深一般保持在15～50 cm。春季在池塘中栽植莲藕，在莲藕池塘中养殖黄鳝、泥鳅、鲢鱼等，形成藕鱼共生共养环境。高温季节要注意及时换水或者是加注新水，冬季要做好防冻工作。一般大面积养殖进入9月即可采用鳝笼等工具捕获鳝鱼、泥鳅，也可在越冬前用双手逐块翻泥捕获鳝鱼、泥鳅，还可留待春节前后出售。每亩莲藕塘可产泥鳅200 kg左右，产藕2000～3000 kg。

这种模式的主要技术有黄鳝、泥鳅、鲢鱼等养殖技术，莲藕的种植与管理技术，池塘管理技术等。

（2）池塘鱼—鸭立体养殖模式与技术

池塘鱼鸭立体养殖就是在池塘中养鱼和养鸭组合的配套高效养殖模式。鱼鸭同塘是一种特有的共生现象，塘中的水面可以供鸭子在水中活动为鱼增氧，水底的浮游生物供鸭子食用，鸭粪供鱼食用，是一种共生共养立体养殖技术。这种养殖技术不仅节约了养鱼的饵料投入，提高了养鱼产量和收益，而且水面为养鸭提供了活动场所，鸭在水中洗浴，可以促进鸭的新陈代谢，提高体质和健康水平，鸭蛋品质较高，还解决了养鸭的排泄物污染的问题，有利于改善养鸭环境。实施鸭鱼配套养殖，二者相得益彰，互为促进。

这种模式的主要技术有鱼、鸭的立体养殖技术，池塘的管理技术等。

（3）池塘青虾河蟹混合立体养殖与技术

池塘青虾河蟹混合立体养殖，一般要求池塘面积在5～10亩，水深1.5 m，水源充足，水质优良，无污染源，塘口进排水方便，进排水口要独立，成对角线排列，要设有滤水装置，冬春季应清塘，晾晒鱼塘消毒处理。根据天气情况及时种植水草，以苦草为主，适当移植黑藻、水花生、水葫芦等，使水面覆盖率达60%～70%。幼蟹仔虾一般是正月前后放养，幼蟹规格不小于5 g，放养密度每亩400～500只，仔虾规格每千克400—800尾，放养密度每亩7～8 kg，苗种下池时应做消毒处理。一般使用质量安全渔用饲料，根据河蟹养殖密度规格的大小、饵料成本高低及河蟹市场等因素及时捕蟹上市，年底一次性捕完并做好清塘工作，为明年的养殖做好准备。

这种模式的主要技术有水草、黑藻、水花生、水葫芦等的种植技术，青虾河蟹混合立体养殖技术，池塘管理技术等。

（二）"水面种菜，水中养鱼"的立体循环养殖模式与技术

在鱼池上搭建竹筏，以浮床作为载体进行空心菜等水生叶菜的种植模式就是"水中养鱼，水面种菜"立体循环养殖模式。养殖池塘中的鱼虾粪便可以作为空心菜的最好的肥料使用，省去了农药和肥料的施加步骤。通过这种方式种植出来的空心菜要比土生得更加鲜嫩爽口，产量也要高出许多。最重要的是这类水生作物可以很好地净化水质，给鱼虾生长带来更好的生存环境，同时又因为没有人工肥料和农药的使用，在食品安全方面也更加让人放心。这种技术带来了收成和环境两方面的收益，可谓一举两得。

这种模式的主要技术有水生叶菜的种植技术、鱼的养殖技术、池塘的管理技术等。

（二）淡水珍珠与本地草鸭立体循环养殖模式与技术

按水域为单元，在一个湖或水库边建猪舍养猪，利用斜坡地建鸭舍栏网养鸭，水中立体养鱼，水底育蚌，水面吊蚌育珍珠，珍珠加工成项链、水解珍珠粉、珍珠护肤霜，贝壳加工成工艺品和矿物饲料，形成循环综合利用立体养殖加工模式。养殖项目按比例配套：每亩水面养育肥猪 5 头、母猪 0.3 头；0.5 m² 幼蚌池；0.67 hm² 鱼池；20 鱼鸭。猪粪、鸭粪入池养鱼、育珠，每亩水面可生产珍珠 1 kg、鲜鱼 50 kg。在人工控制和调节下，以食物链为纽带的水陆物质流和能量循环利用的水面立体生产体系，这一综合立体养殖模式大大提高了经济效益。

这种模式的主要技术有猪、鸭、鱼、蚌、珍珠的养殖技术，珍珠的加工技术，水域的科学管理等。

（四）鸭—鱼—鳖立体养殖模式与技术

鸭—鱼—鳖立体养殖模式是按水域为单元，将渔业与畜牧业相结合的养殖方式。把鸭子放养在水中，水里的青草、竹叶、昆虫就成了鸭的天然饲料，每只鸭的饲养成本比饲养喂养少 4～5 元，而且由于放养，鸭的肉质鲜美，销售价格比一般养的鸭要高。同时，每只鸭又是一位"施肥员"，用鸭粪当鱼的饵料，鱼产量可提高 20% 左右。鳖还可以把水里多余的、质量不好的小鱼小虾吃掉，提高了鱼的质量。鱼鳖在水中养，这就要求在品种选择方面要选择不同食性，不同生长层次进行混养，保证饵料利用的合理性和水体的高利用率。

这种模式的主要技术有鸭、鱼、鳖养殖技术，水域的科学管理等。

（五）海水池塘立体养殖模式与技术

海水池塘立体养殖模式，就是水中养虾，水底养蟹，底泥养贝。虾、蟹、贝立体养殖方式，具体讲就是在一个海水池塘水体中，上层水养虾，池塘底部养梭子蟹，池塘的底泥里养殖杂色蛤或者蛏子。这种养殖模式不仅有利于生态互补，而且可综合利用水域，提高经济效益。

这种模式的主要技术有虾、蟹、贝立体养殖技术与疾病防治技术，池塘科学管理等。

（六）淡水水域多品种综合立体养殖模式与技术

淡水水域多品种综合立体养殖模式是在水库、池塘养殖鲤鱼、草鱼、鲫鱼等多品种鱼类。不同的鱼种可根据其生理特性在不同的水层繁养，可充分利用水体的空间、时间和饲料资源进行综合主体养殖，实现高产、高效、生态环保的目的，这也是淡水养殖的理想模式。

这种模式的主要技术是不同鱼种的养殖技术、水域的科学管理技术。

三、林果地立体模式与技术

（一）林果—粮经立体生态模式与技术

在国际上，这种模式被称为农林复合系统。这种模式指的是利用林果株行间开阔的空地部分种植粮食、高经济作物、蔬菜瓜果和药材一类的作物，主要依据林果和农作物在空间利用方面的不同和互补差异性。这种复合模式种植模式是立体种植的主要生产形式，综合效益要比单一化种植更高。

在这一种植模式实施过程中，立体种植、间作种植等都是常用的技术，同时还要配套使用密植、节水、平衡施肥等技术。

（二）"林果—畜禽"复合生态模式与技术

这类模式的基本结构是"林果业＋畜禽业"。具体实施起来就是在林地或者果园内养殖经济动物，主要采取散养模式，让动物进行自主野生取食，在必要的时候以人工饲养进行辅助。这种方式养殖的畜禽要比集约化养殖的更加安全优质，可以说是一种有机食品。养殖场地一般建立在发展林果业或者林草业的山坡地，在林地中建好禽舍或畜舍，将动物的粪便直接作为林地或果园的有机肥料使用，这样就形成了一种"林（果）、草、禽畜"相互联系的立体生态农业系统。牧草的种植一般选择在秋季进行，这样可以有效避免野草对牧草的侵害，种在林间的牧草也可以起到保持水土、减少杂树、杂草生长的作用。放养在林间的畜禽可以以牧草喂食，同时排泄的粪便又可以作为牧草与树苗的优质肥料来使用，圈养的畜禽则可以食用刈割来的牧草。目前这种种植方式有"林—鱼—鸭""胶林养牛（鸡）""山林养鸡""果园养鸡（兔）"等模式。在这种模式下的畜禽和林果可以为对方提供生存必需物质，可以提供一个种植、养殖协同发展的良好环境。

这类模式的主要技术包括林果种植技术、动物养殖技术以和种养搭配比例等，配套技术包括饲料配方技术、疫病防治技术、草生栽培技术和地力培肥技术等。

（三）"农田林网"生态模式与技术

"农田林网"属于一种农林复合系统模式。这种模式一般出现在平原地区，林网体系的建成主要是通过种植生长速度较快的杨树，搭配柳树和银杏等种类，同时要进行合理间伐以保证密度和覆盖率的合理性。农田则以路、沟、渠等为依据进行网格化规划，这样便可以形成一套合理的农田林网体系，有效确保了种植业发展的稳定，可以减少气候灾害，使农田的生态环境得到长久的改善。黄淮海地区的农田林网就是比较好的例子。

这种模式的主要技术包括树木栽培技术、网格布设技术，配套技术包括病虫害防治技术、间伐技术等。

第二节　农业资源节约与物质循环利用系统模式与技术

一、农业资源节约型模式与技术

中国农业属于资源约束型农业，虽然农业自然资源总量大，但人均拥有量小；山地丘陵分布广，土地难利用比重大，耕地面积不足；水资源短缺，干旱、半干旱区域广；水土流失严重、面源污染不断加剧，农业生态环境日趋恶化；农村人口素质不高，农村贫困问题还没有根本解决，均成为农业发展的严重制约因素。这些现实问题都表明了节约型农业建设进程的紧迫，同时也是节约型农业建设的出发点和理论依据。从各个角度看来，建设节约型农业都是一个具有重要意义的伟大工程。

农业资源节约的发展模式的核心是提高利用率。农业生产方式要注重水资源、能源、种子、肥料和土地资源的节约利用，同时还要实现农业资源综合循环利用。节地要建立和推广立体种植模式，充分利用地域空间发展节地农业。节水可以通过管道输水、滴灌、水肥一体化等浇灌手段的推广来实现，要尽快推出一个旱地农业示范基地，积极探索研究各种节水技术。节能首先要淘汰掉老旧落后的农业生产机器，加大节能型农业生产机械的推广力度，可以将抽水泵站进行节能改造，以及对太阳能大棚蔬菜进行推广。节肥可以通过推广测土配方施肥技术，科学合理地施肥，加大有机肥的使用力度，拒绝不合理的肥料使用。节农药，首先要对高效、低毒、残留少的农药进行推广，采用先进的施药技术，建立有机农产品示范基地。节种子，要大力推广优良品种，实施定量精播。农业的发展受到自然环境、技术手段、区域特点等多种限制，无法用统一的模式进行规划，因此相关人员就要因地制宜，发展具有当地特色的农业资源节约型模式，如"节地—节时—节水"模式、畜牧业的"节粮—食草型"模式、渔业的"节饵—多层型"模式、林业的"速生—木本粮油—立体型"模式都是很好的范例。[①] 这一模式的根本在于依靠科技、突出节约、重在效益。

主要技术是节地、节水、节能、节肥、节农药、节种子的相关技术。

二、农业废弃物（农作物秸秆作）循环再利用模式与技术

根据相关部门估计数据显示，中国一年农作物秸秆产生量达 7 亿吨，其中的 40%～45% 都被焚烧，这是对能源的浪费，也是对土地质量和空气环境的破坏。土地被焚烧后有机物的含量会急剧下降，会出现土壤板结、蓄水能力下降等不良反应，同时秸秆焚烧的烟尘还对空气造成极大的破坏。如果可以将农作物秸秆好好加以利用，可以在很大程度上实现资源节约和环境保护的。

---

① 李荣生. 论资源节约型农业结构 [J]. 资源科学，1999（2）：20-25.

（一）农作物秸秆综合开发利用模式与技术

农作物秸秆可以通过饲料化、基料化、燃料化等方式实现能源再利用的，不过在推广过程中要注意因地制宜，选择最合适的方式。秸秆过腹还田、腐熟还田和机械化还田都是可以重点推进的方式，可以利用营养成分高的花生和大豆类作物秸秆进行饲料化，秸秆还可以用来培养食用菌，经过先进技术处理，秸秆还可以代替木材和塑料等来制作产品，利用秸秆制沼供气也是不错的选择。

农作物秸秆—气化—燃气、农作物秸秆—饲料—养殖、农作物秸秆—菌肥—种植、农作物秸秆—纸浆—纸产品、农作物秸秆—板材—建筑材料、农作物秸秆—食用菌等都是可以实现产业链循环利用的综合开发模式。

番薯藤蔓、玉米秸、豆类秸秆等都可以经过氨化和青贮手段后制成肥料。稻草类还可以用作食草性动物的食物。

农作物秸秆中含有大量的氮、磷、钾等元素，还有许多微量元素和有机质，将这些秸秆连续三年进行还田处理，土壤的有机质会有明显的增加。因此，秸秆还田是一种可以实现土壤营养化和环境净化的有效办法，可以为土壤注入丰富的氮肥，对农牧业的良性发展具有重要意义。

这一模式的主要技术是农作物秸秆氨化、青贮饲料技术，农作物秸秆还田技术，农作物秸秆气化技术，农作物秸秆制作板材、建筑材料技术等。

（二）农作物秸秆—食用菌等产业链的循环利用模式与技术

食用菌能够很好地转化农业废弃物，减少秸秆的剩余量，降低焚烧秸秆对环境的污染，同时生产出高营养价值食品。通过食用菌标准化栽培和菌渣综合利用等技术的集成，可以高效循环利用农作物秸秆，是一种值得推广的模式。

（1）秸秆—食用菌—菌渣—有机肥—种植业模式

这种模式就是利用农作物秸秆做原料生产食用菌，生产出的食用菌为人们生活所用，剩余的废弃物（菌渣）作有机肥发展种植业，形成一个物质循环利用产业链。食用菌是一种营养丰富的食物，是人们餐桌离不了的美食。菌渣中有机质含量高，各种速效性养分齐全，菌渣有机肥作为一种化学肥料代替品是极具潜力的生物肥料。

（2）秸秆—食用菌—菌渣—生物饲料—畜禽业—畜禽粪便—种植业模式

这种模式就是利用农作物秸秆作原料生产食用菌，生产出的食用菌为人们生活所用，剩余的废弃物（菌渣）作生物饲料发展畜禽业，畜禽粪便作肥料种植农作物，形成一个物质循环利用产业链。

通常情况下，食用菌产生的菌渣很少，即使产生了菌渣也基本不用作畜禽的饲料使用。但是微生物发酵或者食用菌分解后，纤维素、半纤维素和木质素一类的物质都被不同程度地降解，在这个过程中产生了大量的菌体蛋白、糖类、有机酸类等物质，这些都给基质带来了更丰富的养分，可以使营养物质得到更充分的消化吸收，可以作为很好的生物饲料。

（3）秸秆—食用菌—菌渣—养殖垫料—无害化处理/沼气—还田模式

这种模式就是利用农作物秸秆做原料生产食用菌，生产出的食用菌为人们生活所用，剩余的废弃物（菌渣）作为养殖垫料，经过无害化处理发展沼气，沼渣还田，种植农作物，形成一个物质循环利用产业链。

通过实验验证部分种类的菌渣可用于制作发酵床。这是一种新型的环保养殖技术，在畜禽生长的地方铺上厚厚的锯末、稻壳和发酵床垫料，可以有效分解畜禽的排泄物等有气味物体，降低畜禽舍气味对空气的污染。清床后的垫料中有可能存在病原菌、虫卵及其他有害物质，可以通过发酵进行无害化处理还田，也可以利用沼气池产气，增加循环链条，并防止有害物质的直接排放。

（4）秸秆—食用菌—菌渣—二次种菇—有机肥—种植业模式

这种模式是利用农作物废弃物（秸秆）生产食用菌，食用菌为人们生活所用，剩余的废弃物（菌渣）再利用生产食用菌，再次剩余的菌渣作肥料种植农作物，形成一个物质循环利用产业链。

食用菌的不同会造成培养料利用程度不同。例如，工厂化栽培的食用菌，一般情况下只收1个潮菇，因此这些培养料依旧具有很高的营养物含量，将其晒干粉碎后加入新料中依旧可以用来培养其他食用菌。利用菌渣栽培的食用菌品种有鸡腿菇、草菇、平菇、香菇、秀珍菇、茶薪菇、金福菇、榆黄菇等。利用菌渣再次栽培食用菌可部分替代棉籽壳、阔叶木屑、玉米芯等，拓宽了食用菌培养料来源，降低生产成本，二次种菇后的菌渣可直接沤制肥料或加工成有机肥。

（5）秸秆—食用菌—菌渣—沼气（燃料）+沼液和沼渣（肥料）—还田模式

这种模式就是利用农作物秸秆做原料生产食用菌，生产出的食用菌为人们生活所用，剩余的废弃物（菌渣）经处理发展为沼气，沼液、沼渣作肥料还田，种植农作物，形成一个物质循环利用产业链。

一般情况下菌渣含有丰富的有机物质，经过食用菌分解的原料可以成为小分子水解物，这样就可以更容易地被沼气微生物利用。同时，菌渣中铁、钙、锌、镁等元素都可以很好地促进微生物分解，沼液和沼渣还可以作为有机肥还田使用，这是一个良好的多效利用模式。

（6）秸秆—食用菌—菌渣—栽培基质—种植业模式

这种模式就是利用农作物秸秆做原料生产食用菌，生产出的食用菌为人们生活所用，剩余的废弃物（菌渣）经处理制作栽培基质，种植花卉，形成一个物质循环利用产业链。

菌渣中大量的速效磷和速效钾可以释放养分，促进植物根系的生长，还能为植物提供足量的水分和空气，可以很好地代替草木灰进行育苗工作。在实际工作中，经常会有农户将菌渣和肥土混合使用，为花草的生长提供良好的土壤结构，足量的水分和足够的空气。

（7）秸秆—食用菌—菌渣—生态修复材料—农业生产模式

这种模式就是利用农作物秸秆做原料生产食用菌，生产出的食用菌为人们生活所用，剩余的废弃物（菌渣）经处理制作生态修复材料，发展农业生产，形成一个物质循环利用产业链。

菌渣的一个重要作用是对生态环境的修复。菌渣中含有大量的菌丝体，具有较高的漆酶活性，可用于护坡基质材料；菌渣可以为土壤提供多种微生物和活性酶，增加土壤有机质的含量和肥力，在土壤修复和培肥方面有着显著的作用；菌渣堆肥可用来降解被石油污染的土壤，降低有毒物质；菌渣也可用作印染废水处理填料、人工湿地的填料。

上述模式的主要技术是：食用菌种植技术、微生物的发酵技术、沼气技术、种植技术等。

三、禽畜养殖废弃物资源化循环利用模式与技术

畜禽粪便中含有的挥发性有机物和氮、磷、钾等营养物质都是农作物生长需

要的，因此它也是一种极具价值的资源。相关数据显示，中国每年畜禽粪便生产量可达26亿吨，如果将这些有机废弃物加以开发利用，可以为社会带来很大的经济和生态效益。想要实现畜禽粪便资源化利用，可以通过农村沼气工程的建设，将畜禽粪便、秸秆、有机生活垃圾等原料投入大型沼气池中，以此来为日常生活供气。还可以建设生产有机肥的工厂，利用堆肥处理和好氧发酵农田直接施用技术实现粪污资源化和无害化处理。除此之外，还可以利用畜禽的皮毛、血液、骨骼等部分生产制作生活用品、保健品或进入医药产业，实现畜禽附加值的提高。在屠宰过程中使用到的废水可以进入循环系统进行二次利用，畜禽粪便—沼气—沼渣、液—无害化处理—肥料、畜禽加工—副产物—生化制品等循环发展模式可以形成一条或多条可持续发展产业链。通过上述从而实现禽畜养殖废弃物资源化循环利用。

目前，各地都有大型的畜禽养殖场，这也让畜禽粪便等有机废弃物越来越多，可以利用这一点进行有机肥料生产厂的建设。快速烘焙法、厌氧发酵法、微波法、膨化法等处理方法都是常用的手段，通过这些技术处理可以使生产出来的有机肥保存时间更长，更方便储存、运输和售卖，在获得经济效益的同时还能为环境保护贡献一份力量。将畜禽粪便放入沼气池中进行分解分化后，发酵产生的沼渣和沼液等可以通过运输管道送往果园和蔬菜大棚等种植地，作为农产品的有机肥料使用。发酵过程中沼气则可以作为燃料等供人们生产生活使用。

这类模式的主要技术是畜禽粪便—沼气—发电、畜禽粪便—沼气—沼渣、沼液—无害化处理—肥料、农药—农林作物，畜禽加工—副产物—生化制品等产业链的相关技术与管理。

四、农村居民生活废弃物循环利用与技术

人类粪便、生活垃圾和生活污水等都属于农村生活的废弃物。据统计，中国每年产生乡镇生活垃圾和人粪便2.5亿吨，如何将这些废弃物变废为宝，是一件关系9亿农民和农村生态环境改变的千秋大业，意义十分深远。

生活垃圾的分类收集处理，是目前行之有效的对人类生活垃圾的利用方式。农村居民生活废弃物循环模式是以实现农村生活垃圾减量化和资源化为目标，以有机生活垃圾资源化为技术支持，将农村居民的日常生活同农业生产结合起来，

从根本上解决农村生活垃圾的处理问题。经过资源化处理的生活废弃物可以实现有机肥料的大量生产，有效减少农药和化肥的使用量，在一定程度上实现了环境保护，促进了低碳农业的发展。对生活垃圾处理还可以实行焚烧发电的方法。

这类模式的主要技术是垃圾减量化、资源化、无害化处理技术、有效利用技术，生活废弃物管理。

五、"种—养—加—销"一体化的生态循环农业模式与技术

"种—养—加—销"一体化的生态农业循环模式，是在农田种植农作物，农作物为发展养殖业提供饲料；农作物秸秆和养殖业粪污经过沼气池处理返回农田作肥料；以沼气作为动力能源，以农业生产作物为原料，在食品加工环节进行豆腐和肉食等的生产，豆腐渣等副产品又可以作为养殖业是饲料返回养殖业；经过深加工可以售卖的食品可以在配给中心的帮助下进入售卖渠道；盈利所得又可以为种植和养殖业的发展和扩大提供资金支持。这种模式实现了农业生态系统内的资源循环利用，提高了资源转化率，节约了资源，保护了生态环境，构建了高产、优质、高效、生态、安全良性循环的农业生产体系。

这类模式的主要技术是种植、养殖、加工技术，物质循环利用技术，营销管理技术，"种—养—加—销"一体化的生态农业循环模式的设计技术。

六、农业产业化绿色低碳循环农业模式与技术

这种模式中关于农业产业化生产体系是按照自然生态系统中物质共生原理进行设计的，以当地农业资源综合开发为立足点，借助绿色低碳（生态）农业的"龙头"企业的优势，将农副产品的生产、加工、销售等环节结合起来，以一个有机整体的形式来推动绿色低碳循环（生态）农业商品化、专业化、现代化的转变脚步，尽可能地延长农业产业化生产过程中的加工链和生物链，以尽可能少的资源消耗量和废弃物排放量形成一条"自然资源—产品—资源再生利用"的循环链，用最少的代价实现最大的经济收益。

这类模式的主要技术是农业产业链的设计、农产品加工技术、资源循环利用技术、清洁生产技术等。

第三节　农家庭院绿色低碳循环农业模式与技术

农家庭院是指农村中农家的院落。庭院绿色低碳循环生态农业模式是农民利用自家的庭院区域从事集约化生产的一种经营形式，主要是发挥庭院资源优势，依据生态学、循环经济学的原理，运用系统工程方法，建立种植、养殖、沼气、综合利用的生态循环农业模式。由于庭院面积的大小、地域环境及资源条件的不同，庭院绿色低碳循环农业主要有以下模式。

一、农家庭院"厕所、猪栏、沼气池"三位一体生态循环农业模式与技术

该模式是建立"厕所、猪栏、沼气池"三位一体的生态循环农业模式，其以沼气为养殖生产提供能源，又利用养殖的有机肥料实现种植业的发展，再以种植来促进养殖业发展这样一条庭院经济效益、生态效益和社会效益三丰收的统一整体。

该模式以沼气池为纽带，充分利用生物链和生物的共生、互生作用，利用沼气池将人和牲畜的粪便等有机物进行处理，将产生的沼气、沼渣和沼液等用于人们的生产生活中，形成一种协调、互利、循环的生态循环农业体系。

在进行设计时可以选择将猪栏、厕所等排污处放在较为便利的屋后位置，建造标准以沼气池为准，在上方建立上流式浮罩沼气池，通过暗管将人与动物的粪便送往沼气池中进行发酵，形成一种"厕所、猪栏、沼气池"式三位一体的模式，并在室内安装通沼气的管道用于生活使用，将沼渣和沼液送到出料池以便用于种植业。

该模式的主要技术是猪鱼饲养技术、菜果种植技术、沼气技术、模式的系统设计等。

二、农家庭院"大棚、猪（鸡）舍、沼气池"种养生态循环农业模式与技术

这种模式可以将有限的农家庭院做到高效合理利用。首先，在农家庭院内搭建一座塑料大棚，在大棚的一端种植蔬菜，另一端养殖猪或鸡，在喂鸡时选择

全价配合饲料，剩余的鸡饲料和鸡粪等和精料或青菜、草料等变成猪料喂猪，然后再将猪的粪便投入沼气池中与杂草秸秆等发酵为农户输送日常所需沼气。除此之外，发酵产生的沼渣还可以用来饲养蚯蚓，作为鸡的优质蛋白食物，废渣等还可以作为蔬菜地的肥料。这种模式充分利用了蔬菜及动物之间的需求互补关系，使食物链处于一种循环、平衡绿色生产的状态，还使作物的品质得到提高。

庭院的建设和设计主要分为地上、地下和空间三个部分，地上为猪舍或鸡舍，地下为发酵的沼气池，空间则指的是塑料大棚。这样可以将猪舍、沼气和蔬菜大棚有机地结合在一起，既解决了因冬季气温低蔬菜无法正常生长的问题，又能提高猪舍和沼气池的湿度，提高利用率。在整个过程中，猪粪便可以及时地进入沼气池中，既可以满足日常生活中能源需求又可以提供优质肥料，同时发酵产生的热量还可以给猪提供较高的地表温度。猪的呼吸中产生的二氧化碳可以满足蔬菜的生长需要，而蔬菜生长产生的氧气又能提供给猪，这样可以很好地保持棚内空气的新鲜，减少病毒和细菌的滋生。这样看来，这是一种有机结合、良性循环的发展模式。

该模式的主要技术是猪鸡饲养技术、蔬菜种植技术、沼气技术、模式的系统设计等。

三、农家庭院"畜—沼—鱼、鸭、果、菜"绿色生态循环农业模式与技术

这种模式是在有水源条件的地区，农户修筑猪舍养猪，在猪舍旁建沼气池，利用猪屎猪尿生产沼气，供农户作燃气，用来做饭和照明。同时，开发鱼塘，在水下养鱼，水上养鸭。用沼液、沼渣、鸭粪作鱼饲料，或用沼液、沼渣和果种菜。这样既解决了猪粪的污染环境问题，又可以生产沼气，作为群众生活所需的能源，还可以利用沼渣、沼液为发展无公害种植、养殖业提供绿色的肥料、饲料，形成一个物质循环利用的绿色生态农业发展模式。

该模式的主要技术是猪鸡鸭鱼饲养技术、蔬菜果树种植技术、沼气技术、模式的系统设计等。

四、农家庭院果菜（花卉、药材、苗木）立体种植模式与技术

农家面积较大的庭院，可以充分利用土地和光能，栽植果树，如石榴、杏、枣、木瓜、柿、梨、葡萄、猕猴桃等。还可以在果树间套种一些草莓、蔬菜、中草药和食用菌等具有高经济效益的作物。同时，庭院果树还具有结果早、品质高等优点，是具有较长经济寿命的作物。不仅能美化居住环境，还能生产优质果品、蔬菜、药材、苗木等，增加农户经济收入。农家果树立体种植模式中，果树在幼年时期的种植模式分为以下四种情况：①在果树行间或株间草莓，称为果间果模式；②果树行间或株间矮秆蔬菜是果间菜模式；③果树行间或株间种果树苗、小绿化苗及花卉苗等作物是果间苗模式；④果树行间种枸杞等经济价值高的药材属于果间药模式。成年期果树枝叶较为茂盛，下层作物接受的阳光比较少，因此一般有以下两种模式：①行间种党参、川芎等耐阴的药材这是果间药模式；②果树行间种食用菌属于果间菌模式。

农家庭院果菜（花卉、药材、苗木）立体种植模式技术主要有：栽植技术，栽后管理，整形修剪技术，病虫害防治技术。

五、农家庭院立体种植养殖模式与技术

在农家庭院充分利用土地和光能资源，种植苹果、石榴、杏、枣、木瓜、柿、梨、葡萄、猕猴桃等。在果树行间棚下养殖蚯蚓或筑塘栽藕养鱼，修圈舍养畜（猪）禽（鸡）等。

这种模式的主要技术有果树栽植技术、栽后管理、整形修剪技术、病虫害防治技术，畜禽养殖技术、畜禽疫病防治技术等。

第四节　绿色休闲农业与农业科技（生态）产业园区模式及技术

想要提高农业自身的附加值，开发当地旅游资源可以通过建立绿色休闲农业与农业科技（生态）园区模式等系列绿色低碳循环农业来实现。为游客提供休闲、观光、度假、娱乐、健身、教育等多项旅游活动，同时集生态功能、生产功能、

生活功能、科普教育功能和旅游娱乐功能于一体的多功能农业。这种农业生产和旅游产业的结合，实现了互利双赢。休闲观光农业带动了旅游产业发展，同时旅游产业方面的发展又促进了休闲观光农业的发展。休闲观光产业还可以进一步为农业生产模式和经营消费方式提供新的发展机遇，为人们提供一种创新发展的思路，为现代农业的未来发展之路开拓具有巨大发展潜力和广阔前景的新市场。

绿色休闲观光农业技术主要有各种园区的景观与功能的规划设计、休闲观光农业项目（旅游产品）设计开发、植物（蔬菜、花卉、果树、观赏树等）的栽培（立体、无土等）技术、农业高新技术示范与展示、农耕文化传承、旅游商品设计开发等。

中国自然资源、人文资源、农业资源和经济状况等条件差异，休闲观光农业发展类型与模式应呈现多样性。从休闲内容、观光对象和活动项目综合考虑，可分为以下几种类型。

一、绿色休闲观光农业模式与技术

绿色休闲观光农业是利用农业生产活动（过程）、田园景观、园林景观、农业设施等资源与环境，为游客提供休闲、观光、体验、采摘、品尝和购置瓜果、花卉等活动，从而提升农业价值和效益。

（一）田园农业观光模式与技术

田园农业观光模式以大田农业生产为本，通过设施农业、立体种植、生态养殖、种养加销一体化建设，与休闲观光功能有机结合，引进适合休闲观光农业发展的品质优良特种蔬菜、水果、花卉和其他观赏植物，以及先进的农业种植模式和栽培技术，提高农产品科技含量、产量、质量和销售量及农业效益。依托上述，开发欣赏田园风光、观看农业生产活动、品尝和购买绿色食品、学习农业技术知识等旅游活动，让游客在休闲观光中了解农业、体验农业，回归自然生态的感受与娱乐。

该模式的主要技术是设施农业、立体种植、生态养殖等相关技术及旅游管理方面技术。

（二）园林观光模式与技术

园林观光模式的重点是果园生产和林园生产。通过合理的设计，将人文景观、自然景观和农业园林景观等实现和谐统一的循环模式，使得生态环境良性发展。通过这种风景优美的自然园林景色，可以使游客回归自然，感悟自然之美，在舒适宜人的环境中，呼吸新鲜空气、欣赏自然美景，观光绿色生态果园和林园，获得身心上的放松。同时，还可以在果树等开花结果的季节开设赏花、踏青、自助采摘、农家乐等旅游项目，让旅客切身融入自然的成长和收获中，体验农忙的乐趣。

该模式的主要技术是果园、林园栽培与管理技术，以及果园、林园规划与设计技术。

（三）花卉观光模式与技术

花卉观光模式是以各种花卉种植、栽培、观赏、销售为一体的花园为载体，开发看花、赏花、采花（购花）等旅游活动，让游客观看花的海洋，体验五光十色、艳丽多姿的花卉风景。

该模式的主要技术是花卉种植与管理技术、花园的规划与设计技术。

（四）都市型现代农业休闲观光模式与技术

都市型现代农林休闲观光模式的技术依托现代农业设施和现代农业栽培工程技术，利用现代技术将农作物和园艺作物等进行创意栽培，提高作物的观赏性和生产性。常见的设置有将叶菜进行无土栽培，并利用墙体、圆柱或者多层次的装置等体现出蔬菜的颜色特点，使其具有一定的观赏性；还可以利用茄子、辣椒、番茄等作物可无限生长的特性，对其进行立体栽培，以营养液槽和控制设施环境等为主要手段，使这类果菜能够具有较长的生育期，长成具有一定观赏性的高大树形体态；植物工厂的设施栽培集现代农业栽培工程技术、智能控制技术、传感技术和环境调控技术于一体，实现了育苗、蔬菜栽培、蔬菜产品，形成观赏点。

都市型现代农业休闲观光模式将作物栽培技术与植物的观赏性、景观艺术性有机结合，演绎出新奇瑰丽异彩纷呈的景观，使都市型设施园艺与观光休闲农业中元素相得益彰，提高和丰富了都市型设施园艺观光休闲农业的内涵和外延，从而使城市居民和游客在都市型现代农业园区，通过观赏、采摘、休闲散步，满足休闲观光的精神需求。这不仅为城市居民和游客提供了良好的休闲观光农业景观，也为生产经营者提供了丰厚的农产品销售收入和旅游收入，综合效益可观。近年来，在北京、上海、天津、广州、深圳等一些大城市的郊区，都市型现代农业已成为休闲观光的亮点和城市新的经济增长点。

该模式的主要技术是植物工厂的设施、现代农业栽培工程技术、智能控制技术、传感技术和环境调控技术，以及都市型现代农业园区的规划与设计技术。

二、生活型休闲农业模式与技术

生活型休闲观光农业模式是人们通过参与（加）农业生产活动、体验农事生活，"吃农家饭、住农家屋、做农家活、看农家景"等活动，让游客尽享农业、农村生态自然之美，农家风情之乐，品绿色有机农产品之味，从而增加农业效益。

（一）农事生活体验模式与技术

农事生活体验模式可以让长期生活在城市的居民和较少接触自然的学生群体获得全新的休闲娱乐体验。他们可以到农村与农民们同吃同住、共同劳动，沉浸式地体验农村的生产生活劳动，获得对农村生活和农耕文化的真切体验，提升城市居民的休闲生活品位，并且可以让孩子们认识到社会的变化和科技对生产的推动作用，对他们以后的学习和生活都有积极作用。

该模式的主要技术是农田生产管理技术，游客吃、住、行管理。

（二）农家乐休闲模式与技术

农家乐模式是农民利用自家庭院、自己生产的农产品及周围的田园风光、自然景观，为游客提供舒适、卫生、安全的农家居住环境和可口的农家特色饭菜，体验农家生活，以及观赏、娱乐、休闲、购物等旅游沽动。"吃农家饭、住农家屋、做农家活、看农家景"，让游客尽享农村生态自然之美，农家风情之乐。

该模式的主要技术是农家乐旅游品种设计，吃住行的科学管理。

（三）贸易型休闲农业模式与技术

农业贸易模式可以将大小农副集散市场、商务会展中心和农产品加工园等进行有机结合，可以让游客在购买农副产品时获得优质的观光体验，既有利于商业的发展也有利于观光旅游业的发展。如各种农贸会，农产品交易会等。

该模式的主要技术是商务会展设计，农产品加工园、农副产品集散市场管理等。

（四）农业科技园区休闲农业模式与技术

1. 农业科技园区观光模式与技术

农业科技园区观光模式可以向人们展示现代农业科技的魅力。这种模式将农业科技示范园区作为依托，将农业立体栽培、无土栽培、生态农业及科普教育等与观光业的发展融为一体，向游客展示现代高新农业科技和新奇植物、农作物等。通过讲解和介绍等手段，让游客学习有关蔬菜、花卉和瓜果等方面的知识，了解先进农业和科技知识。

该模式的主要技术是农业高科技生产、农业（花卉）立体种植、无土栽培、生态农业技术，园区的规划与设计技术，园区的管理技术。

2. 农业生态园休闲观光模式与技术

农业生态园休闲观光模式是围绕生态农业生产，利用田园景观、自然生态及环境资源，开发具有区域特色的农副产品及旅游产品，以供游客进行观光、游览、品尝、购物、参与农作、休闲、度假等多项活动。是一个集生态农业与科技示范、休闲观光农业、绿色有机农业生产、科普教育为一体，实现生态效益、经济效益和社会效益统一的多功能的新型产业园区。

该模式的主要技术是生态农业生产与管理技术，生态园区的规划与设计技术，园区的管理技术。

（五）教育农园模式与技术

教育农园是一种特殊的农业园区，可以作为新型的素质教育和科普教育基地，因此在经营过程中要注意农业生产和科普教育的结合。教育农园可以将园区内的作物、植物和农耕用具等作为讲解道具，让到访者通过农业科技示范、生态农业示范等方式了解到特色植物、农耕栽培技术等知识，是一个集教育、观光、休闲、科技等为一体的，宣传乡土特色文化的农业形式。教育农园具有以下功能。

（1）科普教育功能

园内的特色动物、植物和自然景观等都可以作为科普教育和实践教育的内容，可以借此建立一个供学生春游、军训、写生、劳动、休闲和摄影等教育基地。

（2）生产与生活功能

园区内种植瓜果蔬菜和家禽家畜等，在收获的季节可以为游客提供新鲜、安全和健康的食品。种植彩椒、香蕉、西葫芦等作物时使用的无土栽培、立体栽培、嫁接和转基因等技术可以给游客提供更多特色的、具有更强观赏性的作物。

（3）观光休闲娱乐功能

园区中的果树、花树和蔬菜园等经过创意栽培后可以形成包含园林景致、农耕文化、民俗文化及建筑美的田园景观，为游客和观光团提供既能吃喝玩乐又能休闲放松的良好环境，是单位团建、家庭聚会、朋友小聚的首选之地。

教育农园的模式在全球范围内都具有不错的发展态势。20 世纪 90 年代的欧美国家就已经在大力发展教育农园，当时更多的是私人农场整合生产生活资源后向市民提供休闲和体验活动，以此来增加收入。也有一部分不以营利为目的的教育农园，大多数是由政府和社会福利机构从生态教育角度出发建设的，主要是为了推广农业技术和激发人们对自然环境的热爱。在日本，政府每年都会在青少年教育方面投入大量的资金和人力支持，"学童农园"就是以对青少年进行道德教育、环境教育和心理教育为目的而设立的示范基地。

中国的教育农园大多数都为游客提供了农业历史、农耕技术学习和农业知识讲解的服务，让游客在农业观光园和农业科技园中学到一定知识。农民或相关专业学生可以在农业科研试验场，以农业生产、科技示范等方式学习到农业科技的知识；游客可以参与到农业经营活动、农业生产活动等环节中，在现代农业环境和现代农业设施中进行观光、体验和 DIY 活动；学校可以组织学生到园区中学习种植、畜牧、饲养等农业技术，学习农耕文化技术，接受农耕文化熏陶。

教育农园可以向人们科普农业知识，介绍农业技术，让人们通过农业生产、农村生活和农村文化了解到生态环境的重要性和意义，在学习有关农业科技和生态农业等方面的知识可以提高人们对环境和自然保护的自觉性，特别是懂得粮食和农副产品的来之不易，从而更加爱惜粮食。

教育农园的主要技术是教育农园的规划、设计，科普教育活动形式、休闲观光新型产品的开发、设计及管理。

（六）农耕文化休闲观光模式与技术

利用农耕技艺、农耕用具、农产品加工等环节可以开展农业文化休闲观光活动，打造农耕文化休闲观光模式。在发展休闲观光农业时，可以将农村特色的生活文化、产业文化和民俗文化等融入进去，打造具有当地特色的农村文化。中国农耕文化源远流长，千百年来都与休闲娱乐有着密不可分的关系，农耕文化休闲观光模式更是为其赋予了一份新的含义。同时，中国的农村风土人情、民俗文化资源丰富，居住民俗、服饰文化、饮食文化、礼仪文化和节令文化等都可以作为民俗文化休闲观光活动的内容。

该模式的主要技术是农耕文化、民俗文化资源的挖掘、收集、整理，以及休闲观光的产品开发、设计、管理。

二、未来与展望

在前面的叙述中，我们已经了解到绿色休闲观光农业的发展不仅是调整农业结构和为农民增收的重要手段，也是一条提升城市居民生活品质的有效途径。中国长久的发展历程中农耕文明积累了大量的资源，各种独特的、高雅的、具有鲜明民族特色的农业资源可以让各地根据本地的资源特色进行因地制宜、科学布局和持久创新的休闲观光农业模式，有利于本地观光业和农业的共同发展。随着人们生活质量的提高，旅游消费方面的要求也逐渐提高，因此在休闲农业的发展过程中，除了规模和数量增加，产品质量的提高也要放在重要位置。领导者要积极利用政府和企业的资源，正确把握和调整旅游需求的发展方向，开发更多具有现代农业和高科技特色的农业观光产品，让游客充分体验到农村风情和淳朴民风，力争把绿色休闲观光农业做大做强。

第三篇

低碳农业经济政策篇

第七章 国外低碳农业经济发展的经验与启示

本章主要内容为国外低碳农业经济发展的经验与启示，详细介绍了国外低碳农业经济发展的经验，以及阐释了国外低碳农业经济发展对中国的启示。

第一节 国外低碳农业经济发展的经验

受全球气候变暖的影响，各类极端天气及气候异常也日渐频发，无一不在警告着我们要重视这类问题，这已经开始影响我们每个人的正常生活。低碳环保已然拖不得了，我们亟须将以往的旧产业进行转型，将以往的碳排放大户变为适应新环境的低碳型产业，但如何发展低碳型农业也成为各国的议题。我国在经济科技等领域的水平上相较于欧美等发达国家稍显落后，因此在发展低碳型农业的道路上起步较晚，相关政策及措施还较为不足。欧美国家经过几十年的低碳化农业改革已然积累了丰富的经验，通过对他们发展经验的学习可以推动我国在低碳化农业道路上的飞速发展，帮助我们少走弯路。

国外的低碳农业经济在发展改革的过程中主要采取了两方面的措施，一是利用政策制度；二是借助工程技术。接下来本文将对这两个方面进行归纳总结。

一、政策制度方面

（一）农业保护性耕作促进政策

保护性耕作是低碳农业生产方式的重要方式方法，它将带来远超传统耕作的巨大隐形收益，既能减少农业农机的下地次数，从而大大减少化石燃料的消耗；又能让土壤得到休养生息，改善土质，锁住水分，增加土壤有机质的有机质。因此，针对如何推行和开展保护性农业各国都推出了不同的政策。

以美国为例，早在 2002 年美国国会便审议通过了《农场法案》，并在其中提

出了一项"保护安全计划"（该计划于 2008 年改名为"保护管理计划"）。其主要
内容规定：如果农民在耕作过程中做出一些对环境友好、能保护环境的相关行为，
如加强对土地等资源的保护、推进天然防护林保护工程等等，那么美国政府将采
取分摊成本或现金奖励两种方式来对农民进行支持鼓励。此举极大地提升了农民
的积极性，有力地推动了低碳农业在广大农民中的推行。为了确保政策的平稳落
地及后续实施，政府也开展了以下的工作。①建立数据库，通过实地考察及评估，
计算出不同土地开展不同的耕作方式及开展相应的保护措施所需的成本，由此计
算出政府将对农户给予的补贴额度，为后续工作的开展提供数据支撑；②加大宣
传教育，政策的实际执行需要依托广大农民，加大宣传让农民知晓该政策法规，
加强教育培训，为农民提供保护性耕作技术的试验、示范及咨询；③成立顾问团，
组织高校、科研院所的专家下到基层，实地考察并指导农民开展保护性耕作。

（二）农村新能源计划政策

要想推进低碳农业经济发展，就不能单单只考虑农业这一个方面，还要综合
考虑到农村和农民。尽管是三个不同的要素，但在开展低碳化农业的过程中这三
要素缺一不可，唯有综合地考量这些内容，不把目光局限在一个环节，才能更好
地推动低碳化农业。正因如此，在开展低碳化农业的同时，也需要同步开展关于
农村的节能减排。为此国外在农村的节能减排问题上出台了一系列相关的新能源
政策，只有双管齐下才能发挥出更好的效果。像美国在推行农村的新能源计划问
题上，连续多年提出了多项有关新能源的政策法规，比较有名的包括 2005 年出
台的《2005 年能源政策法案》，以及 2009 年的《2009 年经济复兴与再投资法案》。
此外，美国还推出了一系列的补贴激励计划，提升农民的积极性，确保农村的新
能源计划得到快速推行。

（三）农业碳交易政策

现代化的大机器耕作在产生二氧化碳的同时，农作物也会通过吸收空气中的
二氧化碳发生光合作用，在释放水和氧气的同时，还会产生大量的有机物并被植
物吸收蕴藏在其内部。科学家也经过了具体的实验分析来论证过这一点，像 1 英
亩（约合 6.07 亩）玉米地每年吸收的二氧化碳高达 0.5 吨。从这一方面来看，农
业耕作在应对温室效应中也发挥出了巨大的作用，其在一定程度上为节能减排降

低碳排放做出了巨大的贡献。鉴于此，也为了推动节能减排事业的发展，美国政府在 2003 年便成立了芝加哥气候交易所（CCX），允许农民公开售卖这种经过光合作用被农作物吸收的碳指标。芝加哥气候交易所（CCX）是全球第一家允许会员自愿参与温室气体减排交易的碳交易市场，虽然其在 2011 年停止了交易活动，但是其为美国乃至全球碳排放交易市场的建设提供了宝贵的经验。在推进全球节能减排、应对温室气候、减少碳排放的过程中发挥了重要作用。

（四）低碳引导型农业财税政策

发展低碳农业经济的关键环节是发展具有推行价值、推行意义的低碳农业技术。此类型的研发不光开发难度极大，且往往周期长、投入高、见效缓慢，不仅要求开发出的技术能够满足节能减排的需求，更要求其所开发出的技术能够广泛地推行下去，具有可实操性、可重复性。正因如此，很多单位与个人不愿参与其中，往往只有高校与科研院所进行此类的研究，为此政府应制定低碳引导型农业财税政策，通过相关的财政补贴与激励，充分调配社会资源，促进更多的民营企业加入低碳农业技术和设备的研发推广队伍之中，促进低碳农业经济的快速发展。

目前，美国、欧盟与日本都有制定相应的低碳农业财税政策，对我国制定相应的政策制定有着借鉴作用。具体而言，农业财税政策主要表现在三个方面：一是农业补贴方面，美国采取的做法是仅对环境友好型农业生产方式实施补贴，且会定期组织专业机构对农户农田及环境保护情况进行检测，以此确定对该农户的补贴标准以及判断是否需要为该农户提供补贴。二是农业发展的直接支付方面，欧盟在 2011 年的共同农业政策改革中，明确要求各成员国需将直接支付资金（费用）的至少 30% 反馈给农业生产者，让其将这部分资金用于应对全球温室效应及节能减排的生产实践活动。三是农业贷款、税收方面，为了鼓励农民对低碳农业进行投资，日本先后出台了一系列政策，拟从贷款、税收等方面给予优惠。其中，2009 年与 2010 年，日本还先后推出了《土壤保护补贴政策》与《低碳型创造就业产业补助金政策》，对改良土壤、清洁种植及循环低碳农业发展模式的相关补贴标准做了详细说明。

二、工程技术方面

（一）农业生态固碳技术

工程技术层面又称为农业碳封存（carbon sequestration）技术，指的是将空气中的二氧化碳转化为有机物，并被农作物或土壤吸收存储的过程。例如，贝克（Baker）提出的碳固存方法，即通过覆盖作物的方法甚至种植同类作物。该方法不仅可以封存更多的气态碳，还克服了免耕或条形耕作法采用之后，部分作物在秋耕和冬季来临之前可能出现的微生物呼吸不足现象，而微生物正是土壤固碳的最为重要的来源。不过目前有关这一方面的实践研究尚不成熟，无法直接推广与应用，还停留在试验阶段，还需要相关的实验探究。

为了能够发展研究出更多的农业固碳技术，能够更快地将此类技术应用于实践，一些学者开始从政策手段上进行探究，希望可以借助政策优势推动固氮技术的发展与应用。里卡兹（Richards）总结了七种有关推动固氮技术发展的政策工具：①合同补贴型，即在政府的帮助下，吸引农户参与到开发和推广的固氮技术项目中，可以直接确定出相应的土地使用补偿款，也可以设定一个碳固存的目标额度，基于此再与农户进行谈判协商确定补贴数额，最终以合同的形式确认保存；②政府生产型，这种是政府直接参与到固氮技术的开发与应用中，政府可以选择直接产出碳汇量，按估计使用自己所有的土地资源或者租用和购买额外的土地，在这种情况下，农业部门可以提供相关的农／林业技术以及需要接受监管的劳动力；③市场补贴与征税型，政府可以采取强制措施，确定减排实验地区，强迫那些不情愿的企业及农户参与其中，并通过征收费用降低碳排放；④命令强制与监管型，政府通过行政监管手段控制土地所有者的碳汇量；⑤契约型，政府通过委托研发的方式来生成信息定制合同；⑥政府主导型，通过自身机构直接提供技术支持，如农业推广服务、强行发展农业研究和计划；⑦管理型，号召尽可能多的州参与森林采伐和补植项目。

（二）秸秆资源化利用技术

农作物的秸秆是农业耕种过程中生成的副产品，其同样也是极大的碳固存载体。传统农业中针对农作物秸秆的处理方式主要为焚烧，在燃烧过程中会产生大量的二氧化碳，此举不仅严重违背节能减排的碳减原则，更会造成资源的极大浪费。秸秆也是"宝"，合理的应用和处理秸秆不仅是对资源的节约，更对保护环境及促进低碳环保具有重要的现实意义。基于此，有关秸秆资源利用技术也被不断地开发及应用，针对具体的秸秆资源化该应用在何处，国外主要分为以下三类。

1. 秸秆发电技术

相较于利用传统的化石能源发电，使用秸秆发电所带来的污染会更小，效益会更高。在燃烧过程中，每 2 吨秸秆所释放的热量就等同 1 吨标准煤燃烧过程中释放的热量，且排放的二氧化硫与二氧化碳较少，做到了能源效益与环境效益的完美结合。正是由于秸秆的这种特性，利用秸秆发电受到了各国政府与科学家的广泛关注，基于此的技术开发也被不断研究并应用开来，很多发达国家也都将秸秆发电技术作为 21 世纪发展可再生能源的重要工程。

2. 秸秆还田技术

实施保护性耕作，促进秸秆还田是国外最为常见的农业废弃物循环利用方式。让秸秆从地里来再到地里去，可以有效地增强土壤的肥力，提升土壤的保水性能，促进土壤团粒结构形成，改善物理性质，加强植物和微生物的生理活性。早在 20 世纪 30 年代，为了克服"黑色风暴"，美国人在其西部地区开展了保护性耕作的研究与应用，并于 20 世纪三四十年代通过秸秆覆盖法控制了西部大草原的风蚀现象。

3. 秸秆饲料化技术

秸秆富含丰富的营养，可以作为食草牲畜的粗饲料，相同重量下，秸秆所蕴藏的营养物质为粮食的四倍。但是未经处理的秸秆存在消化率低的问题，且口感差，直接喂养会使得牲畜采食量降低。因而需要对秸秆进行加工处理，利用青贮、氧化等手段就能极大提高其营养价值。美国早在 20 世纪 80 年代就开展了相关的研究，将加工处理过的稻秆和玉米秸直接投喂给牲畜，获得了巨大成功并在全国推行开来。

三、农业 CO_2 排放管理方面

为了有效地对农业排放的 CO_2 进行监督管理，世界各国都推出了相应的制度法规。目前主要集中在两个方面：一是建立创新土地耕作制度，以制度形式确保

对二氧化碳的管理；二是加强对土壤养分的管理，增强土地中的有机碳储量，确保资源的循环利用。

针对上述两个方面的农业二氧化碳管理方式，美国主要采取的第一种方式，通过立法等形式，确立了保护性耕作制度。对美国而言，受其高度现代化的农业模式的影响，其土壤的风化及污染等现象十分严重，因此推行保护性耕作刻不容缓。适当地让部分土地休耕，抑或是采取"减负"的耕作形式，让土地可以适当地休养生息，这样既可以有效地减少二氧化碳的释放，还可以让土壤中的有机质得到积累，改善土壤的环境，更利于农作物的增产。这样才能确保农业的长期稳定发展。

有关加强对土壤养分的管理的研究和应用最早出现于法国，法国率先对氮肥进行了实验研究，并最早大规模地使用了无机氮肥。无机氮肥可以很好地帮助土壤汇集有机碳，提高土壤中有机碳的存储量，增强固碳效果，可以使农作物极大地吸收空气中的二氧化碳。同时，法国还使用动物粪便作为肥料，此举也是提升土壤有机碳储存量的重要举措，还能减少传统化肥对土地的污染。在法国某些地区更是将部分农田划归为了牧场，退耕种牧草，有效地减少对耕地的使用强度，能提高土壤植被的固碳能力。

四、农业 N_2O 排放管理方面

适量的氮肥可以提升土壤的固碳能力，但要科学地进行施放量的计算，一旦氮肥超量，土壤中的微生物通过硝化、反硝化过程，会将土壤中的氮元素转化为一氧化二氮。一氧化二氮同样是一种温室气体，其在大气中对全球气候的增温效应要远大于二氧化碳，因此更要加强对 N_2O 排放的管理。有关一氧化二氮排放的管理主要集中在四个方面：一是从耕作管理方法上来入手；二是加强土壤的养分管理；三是对土地进行休耕管理；四是对农业上的水资源进行管理。

针对一氧化二氮排放的管理，美国主要从耕作管理方法上来入手，由美国政府进行协调，综合全社会的资源，利用实验室和高校的相关技术，改进耕地的管理方式，改善相关的农业技术，改良农产品，利用技术优势，在降低一氧化二氮的排放管控的同时，也提升了农作物的产量。采用保护性耕作的政策，对耕地进行科学的规划管理，科学地规划耕作过程，减少土壤的过度使用。其中，美国政

府用于改良土壤的一个重要举措是种植一些生长周期较长的农作物，多年生植被以及保护性的耕作制度能够有效地减少土壤的一氧化二氮释放。

农耕过程中使用的氮肥，是引起一氧化二氮排放的主要因素，因此对土壤进行养分管理也变得至关重要。需要通过相关的实验分析，合理地控制氮肥用量，减少氮肥的浪费，降低氮元素的挥发，从而达到提升氮元素的使用效率的目的，做到降低一氧化二氮排放。

对土地进行休耕管理，是目前很多国家和地区所采用的主要方法，利用休耕的时间从而妥善地处理土地中所残留的化肥等有机物，从而减少一氧化二氮的排放。但有一部分学者指出休耕可能会引起一氧化二氮的排放量的上涨，他们认为休耕虽然能减少土壤对氮肥的摄入，但可能会使自然条件下一氧化二氮的排放量上涨。虽然这部分观点还未能得到学界的认可，但在某些土壤环境下，这种观点还是成立的。因此在进行休耕管理之前，需要系统地考察并合理地规划，确认该土地是否可以进行休耕的处理安排，同时也要加强对休耕土地的监测和控制，进而达到改善土壤的有机质结构，提升土地肥力，增强固碳效果，减少二氧化碳和一氧化二氮排放的目的。

进行合理科学的水资源管理也是减少一氧化二氮排放的重要举措。通过科学的实验和研究，优化耕地的灌溉方式，计算出合理的灌溉用水量，既能够有效地促进土壤中有机物的积累，从而加强土壤的固碳能力，又能节约用水，避免水资源的过度浪费。过量的灌溉用水不仅会造成严重的资源浪费，更会引起一氧化二氮的过量排放。但在制定相应的用水规划时，要因地制宜，结合当地的土地情况，综合考虑湿度、温度、水的挥发程度等众多因素，还要注意土地的积水等问题。

五、农业 CH_4 排放管理方面

CH_4 俗称天然气、沼气，在 2018 年被证实是引起温室效应的罪魁祸首之一，因此减少甲烷的排放也变为各国应对温室效应的重要举措之一。甲烷的来源有很多，植物和落叶都能产生甲烷。有实验证明，植物产生的甲烷是腐烂的植物所产生甲烷的 10 倍还要多。例如，水稻的生长过程中便会产生大量的甲烷。农田水分过量的情况下，水稻便会被置于厌氧的环境下，从而会导致产生分解作用，引起甲烷的过量排放。因此，需要对农田进行科学的管理，对灌溉用水进行科学的

计算，合理地规划种植，并对稻田进行监测，在稻田水分过于充沛的情况下，对稻田进行排水处理，这样既能减少甲烷的排放，还能降低一氧化二氮的过量排放。当然在部分地区不能满足长期监测及定期排水等相关操作，一味地减少水稻的种植面积也不是不可能的。因此，针对新型水稻品种的研究也不能停，改良出新式的水稻品种，选取出能在厌氧环境下产生分解作用更小的品种，这样即使长时间不能排水也能降低甲烷的过量排放。科学地规划及监测土地的土壤的实时状态，及时采取相应的措施，才能减少农业生产过程中温室气体的排放。如在土地干旱状态下，加入有机原料才能使土壤得到最好的吸收，而在土壤过于湿润的条件下就需要及时地排水，否则会导致土壤排放出大量的温室气体。

农业经济中会引起甲烷大量排放的另一个环节就是畜牧业，畜牧业的全过程都存在甲烷的排放。许多畜牧业发达的国家都在研究喂养牲畜的饲料，针对不同的牲畜，开发出不同的饲料，以及采取不同的饲养方式。目前，主要采取有机饲料进行喂养，科学地对饲料进行配比，从而减少牲畜肠道发酵而产生的甲烷气体。澳大利亚作为全球最大的畜牧业大国之一，每年的甲烷排放量中来自畜牧业的甲烷排放占比相当巨大。因此，澳大利亚大力开发新式的管理及饲养模式，采取了浓缩饲料进行喂养的方式，虽然浓缩饲料会导致每头畜牧每天排放的甲烷量增多，但是借助浓缩饲料，会使得牲畜的生长周期大大缩减，相比较而言，每头牲畜所排放的甲烷会得到减少，在一定程度上起到了降低甲烷排放的作用。澳大利亚在牲畜的饲料中还会选择混入油籽，让牲畜摄入适量的油籽可以提高饲料的质量，增加牲畜摄入的蛋白质含量，做到减少牲畜肠道的甲烷排放，促使牲畜的内部吸收，从而减少粪便的排放。牲畜的粪便在发酵过程中也会产生大量的甲烷，但粪便同样也能进行循环利用，粪便既是天然无污染的有机肥料，又能通过沼气池的发酵，使人们可以收集并利用产生的甲烷发电做饭。除此之外，许多国家还通过制定政策，利用税收补贴等手段来优化畜牧业产业结构，从而降低全产业对甲烷的排放。

此外，还可以通过冷却和改变通风环境的方式来对牲畜粪便产生的甲烷进行控制，达到减少甲烷的排放的效果。但是此类方法难度较大，无法对每头牲畜的粪便排放进行测算，因此需要对牲畜进行严密的检查和检测。此类方法在实际应用操作以及后续的推广过程中会变得尤为困难。

第二节 国外低碳农业经济发展对中国的启示

我国拥有上千年的农业耕作历史，农耕土地面积在世界范围内也是相当庞大的，这也导致了农业所产生的温室气体在我国总的温室气体排放量中占据了巨大的比例。我国在经济科技上还稍稍落后于欧美等发达国家，在低碳农业发展的具体问题上我国与发达国家也还存在不小差距，因此借助国外现有的经验技术及相关耕作模式，可以有效地促进我国低碳农业经济的发展，缩小与发达国家的差距。

一、我国农业国情特点分析

在借助国外的先进技术和成功管理经验的同时，也不能忽略我国的国情，要因地制宜地综合考虑我国农业的基本现状，制定一条特色的发展道路，这样才能更快更好地推动我国低碳农业经济的发展。我国农业的国情特点主要有以下几点。

一是发展农业面临着城乡"二元"经济社会结构。中华人民共和国成立初期我们便利用农业经济来补助工业，从而促进工业的快速发展，但长此以往便使得农村在经济和科技的发展上明显落后于城市，在很多方面都与城市差距明显。仅仅依靠农村是很难实现低碳农业经济的，要将城市的力量引入乡村，调配城市的工业带动农业的发展，统筹规划，才能提高农业生产效率，实现低碳农业。

二是农业生产以小规模农户分散经营为主。我国虽然在总的耕种面积上位居世界前列，但在人均耕地面积上，我国要远远落后于美洲、欧洲等地区。因此农村的耕地呈现出了小而分散的特点。这种现象严重制约了机械化现代化农业在农村推广开来，严重地影响了我国农业产业带来的经济效益，小家小户的经营模式已经无法适应当前的经济环境。与集成化机械化的农业模式进行对比，小家小户的经营模式既显得效率低下，又会造成成本高且资源浪费的现象。要想打造低碳农业，就要改变当前的小家小户农业现状，加强土地流转，走集约化的发展模式。

三是农业资源相对紧缺，经济的快速发展对农业发展的要求日益提高。我国不仅在人均耕地面积上与国外存在明显差距，且我国农田的耕地质量也相对较差，在相关资源储备上也显得相对短缺，这都成为影响农业低碳发展的重要因素。相关数据统计，1997—2008 年，我国耕地面积净减少 800 万公顷，从 1.30 亿公顷减少到 1.22 亿公顷，其中基本农田面积已不足 1.07 亿公顷。目前，我国人均耕地面积仅为世界平均水平的 42%，中低产田占耕地总面积的 2/3 以上。我国水资源也呈现出了相对贫乏的状态，人均淡水资源仅为世界平均水平的 1/3 左右，尤其是西北等地，干旱缺水更是相当严重，严重制约了当地农业的发展，这种趋势目前有往中部地区及华北地区蔓延开来的趋势，需要引起我们的关注。在森林及草地面积上，我国同样存在总面积大，但人均占有量不足的情况，这些都是制约我国农业发展的重要因素，因此我们国家的农业发展必须要走环境友好型的道路，注重节约资源，注重保护环境。

四是农业生产力水平差异大。在城市经济高速发展的同时，农村的经济却呈现出发展缓慢甚至停滞的状态，农业发展较为缓慢，农业生产力整体水平还比较低，且呈现出了发展不平衡的架势，东三省的农业发展要远高于国内的其他地区。参照国内外的先进经验，要想使得农业生产力提升，首先，就要引入机械化的耕作模式。目前国内就东北三省在农业机械化上的程度要远远领先于国内平均水平，相当一部分地区还在采用小农经济的种植模式，还在使用原始的耕作工具，依靠人力和牲畜进行耕作。其次，在经营模式上，我国普遍采取小农户的经营模式，这种经营模式已经无法适应高速发展的现代社会了。同时，我国自然资源环境的分布也极不均衡，耕地的自然环境也差异较大，如云贵地区以梯田居多，而中部及北部主要以平原为主，这种环境差异使得机械化的推广变得相对困难，因此不存在一种方式解决全国问题的可能，只有因地制宜地单独考虑各地的农业发展，才能促进全国的农业产业得到长足的进步。

二、注重低碳农业相关的政策与制度建设

要想低碳农业得到快速发展，不能仅依靠农民的自觉性，更需要政府出台相应的法律法规来推进。相较于国外，我国在政策立法上还稍显不足，也没能做到大规模地组织起对农民的宣传教育，相当一部分的农民还不了解何为低碳农业及发展低碳农业的重要性。这主要是由两方面的原因引起的，一是相关政策法规的不完善，缺乏对低碳发展农业的政策支持，使得很多农民很难了解到低碳农业，更不知道如何才能发展起低碳农业，抑或知道低碳农业但缺乏发展低碳农业的积极性，从而选择能带来更高收益的传统耕作方式；二是对农业行为缺乏约束力，

农药化肥的过度滥用不仅会造成温室气体的超量排放，更会对农田土壤环境造成严重的危害，再比如秸秆的处理问题上，如果没有相关政策的约束，绝大部分的农民都会选择就地焚毁，这不仅造成资源的浪费，更会对环境造成非常严重的危害。对此，我们需要出台相应的措施，引导约束农民的相关行为，其次还要对农民进行科学的指导，指导农民该如何进行科学的农业生产，如何才能发展低碳农业。还要完善相关的法律法规及相应的制度建设，对农业的低碳发展进行合理的规范，同时在立法过程中要合理且科学，在执行过程中要公正且严格，只有这样才能更好地促进低碳农业的发展。

三、加大对低碳农业发展的财政支持力度

发展低碳农业的过程注定发展缓慢，见效缓慢，收益低且投入大。为了鼓励农民发展低碳农业，美国欧盟等发达国家（地区）都有出台一些财政补贴政策，虽然具体内容及补贴方式上各有不同，但都是以国家的税收资金来反哺农业，调动农民的积极性。我国在这方面还略有不足，相关激励政策尚不完善。政府可以借鉴国外的先进经验，出台相应的补助措施来提升农民发展低碳农业的积极性。可以从以下三个方面入手：一是加大对低碳农业的宣传与教育投入。在我国相当一部分的农民从未听说过低碳农业，且由于农村较为偏僻落后，对新事物新理念的接受程度普遍较低，因此政府需要主动出击，积极地发挥宣传引导的功能，安排专项资金借助电视网络等媒介进行宣传，唯有做到宣传深入人心，才能让广大农民群众在生产过程中更好地践行低碳化。二是加大对低碳农业的补贴力度。我国在推动低碳农业发展上的相关政策补贴较少，很多农民都会选择能带来更高收益的传统耕作方式，因此需要对促进低碳农业的发展的企业和个人进行财税补贴，调动其生产积极性。三是充分发挥税收的资源配置调节作用。利用灵活的税收方式及手段来促进低碳农业的发展，一方面对践行低碳农业的企业予以税收优惠，另一方面加大对高碳排放企业进行税收，约束并激励其绿色发展。

四、强化低碳农业生产技术的研发与推广

现代化农业的发展要求我们必须使用机械化的农机设备，为了实现低碳化发展农业经济的目标，针对机械化农机的改良及低碳农业生产技术上的研发与改良

也变得不可或缺。目前我国的国情是低碳农业生产技术数量偏少且机械化水平较低，应加大对低碳农业生产技术和机械化农机的研发力度，试验并进行推广。具体可从三方面入手：①加大对农业生态固碳技术的研发。目前，国外主流的低碳农业生产技术开发就是集中在固碳技术上的应用与研究，而我国在这方面的起步较晚且进展缓慢，与国外的相关领域研究还存在较大差距，因此我们应借鉴国外的先进经验，快速推进我国农业固碳技术的相关研究，利用农作物吸收或土壤储存的方式减少农业生产活动所引发的温室气体排放，从而实现农业低碳生产。②加强加深对农作物秸秆的资源化利用。目前，我国每年产生的农作物秸秆数量超过 8 亿吨，数量巨大但秸秆的有效利用率较低，很多地区和个人仍然采用就地焚毁的方式来处理秸秆，这样会产生大量的温室气体。我们应该加强对秸秆的利用，既要开发研究出新的可供具体实际操作的秸秆利用技术，更要加强对秸秆资源利用新产业的建设，帮助企业下乡收购秸秆，这样不仅能够促进秸秆的资源化利用，还能为农民创收增产，从而有意识地对秸秆进行收集。③加大对机械化农机节能减排性能的研发力度。农机的燃料主要使用的仍是传统的化石能源，在推行农业机械化的过程中汽油、柴油等燃料的需求也在与日俱增，而化石能源又是造成温室气体的元凶之一。因此，有关节能减排农机的研究不能停，在引进国外相关技术的同时也要注重我们的自主创新，开发出新的技术和新的工艺，切实提升农机的节能减排性能。

五、改变传统投入方式，实施耕地保护性措施

我国每年的化肥消耗量相当惊人，在世界范围内都位居前列。大量的化肥消耗并不一定能带来高收益，相反会造成严重的污染，会对土壤的有机质造成严重的破坏，土地内的化肥残留更会与土壤内微生物进行反应，从而释放出诸如一氧化二氮的温室气体。化肥上游的生产原料主要为煤、天然气等化石能源，不合理的化肥使用一方面要耗费巨大的成本，另一方面会严重污染环境。越来越多的国家已经注意到了此类问题，正在投入研究合理的化肥投入方式，控制合理的化肥投入量。我国在发展低碳农业的过程中也应考虑此类问题，要改变旧有的传统化肥使用方式，研发出新式的化肥使用模式，同时还要结合土地土壤的具体情况，计算出合理的化肥用量，只有这样才能在减少资源浪费的同时降低环境污染，在

降本增效的同时改善农民的生产生活环境。

不仅如此，还要改变传统的农业生产模式，实施更多的耕地保护性的措施，加强对先进农业经验技术的引进工作，加强对农业产业的管理，加强土地流转工作，集约化的新模式将更有利于农业的低碳发展，更有利于降低资源的消耗浪费，将最大限度地提升农业的生产效率。同时，也可采用西方保护性耕作的新模式，学习美国现行经过实际检验的休耕和轮耕新模式，合理地规划让部分土地进行休耕，让土地可以适当地休养生息，促进土壤内部残存的化肥得到分解吸收，让土壤中的有机质得到积累，进而增强土壤的肥力，改善土壤的环境，更利于农作物的增产。当然休耕也要结合现实条件才能组织进行，在我国还是有很大范围的土地没有休耕的条件的，针对这部分区域我们可以借鉴一下加拿大的相关经验，学习加拿大种植豆科植物的相关经验技术，在成片的农作物中间搭建临时性的豆类植物覆盖物，豆类植物有极强的固氮效果，豆类植物能与固氮的根瘤菌建立良好的共生关系，这样可以减少土地对氮肥的依赖性，减少化肥的使用，从而达到改善土壤环境的作用。

还要促进对资源的循环利用，有规模地对农业产生的废弃物进行收集利用，防止有的农民私自将其焚毁，既浪费了资源，又释放了大量的温室气体，对环境造成污染和破坏。也要注重对这部分废弃物资源循环利用方式方法创新研发，使这些废弃物得到最大化的利用。还需要加强对新能源的开发和利用，大力发展风能、太阳能等可再生能源，改变旧有的传统能源格局，能够有效减少由化学投入所造成的温室气体排放和对土壤的掠夺性使用。同时，可再生能源的使用，也是促进全社会面、全产业链低碳发展的重要举措，是实现农业产业可持续发展的可行途径。

六、依靠技术进步，大力发展农业碳汇产业

农业的低碳化发展会带来两方面的影响，一是减少了农业生产过程中所释放的温室气体；二是促进了农作物吸收空气中的二氧化碳，缓解了温室效应所带来的危害。正是由于农作物的这种特性，发展低碳化农业才显得极为重要，因此有关农业技术上的研究也不能停滞，技术进步能够极大地提升低碳化农业的进程。澳大利亚在发展低碳农业的进程中选择了种植生命周期较长的多年生植物，一方

面这项举措可以促进植被的生长，另一方面可以使碳汇部门的生命周期延长。我国由于地形的复杂性及气候的差异性，不能像澳大利亚那样大面积地种植牧草类的多年生植物，但是澳大利亚低碳农业发展的思路是可以借鉴的。在山区和丘陵地带大力发展林地资源，种植以林木为主的经济作物。作为陆地上最大的碳汇库，森林的生物体、植物碎屑和森林土壤固定了碳素而成为碳汇，森林及森林中微生物、动物、土壤等的呼吸、分解释放碳素到大气中成为碳源。森林在大气循环中的作用不言而喻，相当一部分的二氧化碳被其吸收利用，因此被誉为"地球之肺"，但森林由于长期的乱砍滥伐，已经被严重破坏，全球温室效应加剧。因此，要利用我国森林的资源，并种植一些经济价值较高的林木，可以在低碳环保的前提下，实现增收的效应。另外，还可以发展立体农业，利用农业生物的相互关系，兴利避害，在空间、时间和功能上把不同生物种群组合起来，实现多物种共存、多层次配置、多级物质能量循环利用的立体种植、立体养殖、立体种养。这样可以有效地发挥山区的地理优势，将山区充沛的光能和热能充分利用起来，实现资源的互通与循环，为山区带来增产和创收。

七、发展循环农业、生态农业和有机农业，推动农业低碳化

循环农业的发展是建立在农业生产各部门合理的规划和布局上的，对农业现有的资源和环境进行合理的配置，运用先进的技术手段和现代化的管理模式来组织农业生产和产出中的各项资源，对其进行分配和再分配，从而实现农业资源的可再生，和对现有废弃物的循环处理利用。循环农业的重点集中在循环利用之上，各部分各要素资源得到充分的发挥利用，减少资源的浪费，减少污染的排放，从而做到各环节都实现低碳化发展。循环发展虽然要求使用更多高新技术仪器，前期会有一个相对较大的投入，但从长远的角度来看待问题的话，其后期所带来的经济及环境效益将会非常巨大。

生态农业是农业与自然资源环境有机结合的一种农业发展模式，是具有较高的自然属性的农业发展模式。生态种植、生态养殖、生态种育是根据自然的规律、依赖自然界本身具有的光、热、水、风等资源进行运作的。生态农业的发展对周围环境具有很高的要求，但是其属于真正的零污染，能生产当代城市所追求的绿色有机零添加的健康食品，在各个环节都没有化学物质的参与。因此，它是低成

本、零污染、高效率的农业发展模式，在我国地理条件和气候条件优越的地区发展生态农业，可以有效地实现农业的碳汇功能，减少农业对环境造成的污染。

有机农业可以理解为对农业科学的投入。在遵循其自然生长的客观规律的同时，利用先进的科学技术对农业进行合理的规划来促进增产、减排。有机农业与传统农业的最大区别就是有机农业对土壤肥力的提升并不是依赖化学工业制品的投入，而是指生物有机肥料、植物保护的生物剂、土壤重金属吸附剂、雨水和灌溉水净化剂、生物制肥素等生物制剂投入。

从 1989 年至今，生物有机肥在全球 16 个国家都得到了广泛的应用，并得到许多国家的有机认证。30 多年来在我国多个省市地区大面积应用结果表明，生物有机肥料不仅可以完全取代化学肥料，而且还比依赖化肥投入的种植业增长 10%～80%，大大提升了土壤的肥力，改善了土壤的环境，更重要的是修复了被破坏的生态环境。

八、通过构建农业碳交易平台实现碳汇的经济价值

美国政府在 2003 年便成立了芝加哥气候交易所（CCX），允许农民公开售卖这种经过光合作用被农作物吸收的碳指标。我国也紧随其后，目前已经在北京、天津、上海、深圳、广州、湖北和重庆等地拥有 7 家碳排放权交易所，但我国的碳排放权交易所涉及范围主要集中在林业碳汇上，对农业（种植业）碳汇缺少必要关注。严格意义上来讲，农作物同样也是重要的碳汇作物，但在现实生活中却往往被人忽视，其成因主要源于两个方面：一是受先入为主思想影响，人们将注意力多聚焦于农业碳排放，受此影响，农业生产部门在多数场合被定义为了碳源；二是受农业自身功能定位影响，由于为人类提供了生存所必需的食物与原料，经济产出几乎成了衡量农业好与坏的唯一标准，而碳汇效应由于难以用货币衡量，其重要性容易被人忽略。

农业生产所带来的碳汇影响不应被忽视，且如此大规模的农业农田种植所带来的碳汇交易额将会非常巨大，那么我们就有必要搭建农业碳汇交易平台，利用其产生的经济效益反哺给农户，进一步提升农民的积极性，促进更多的农户加入从事低碳农业生产的过程中，进而推进我国低碳农业发展。当然，要想实现农业碳汇的市场价值，我们还有很长的路要走：首先，需科学编制农业碳汇测算体系。

严格地计算是碳汇交易的前提，在借鉴已有测算方法的基础上，对农业碳汇因子的选择既要考虑农作物碳吸收，还应兼顾土壤固碳、秸秆还田等，以确保碳汇指标体系构建的全面性与权威性。其次，完善农业碳汇的计量与监测。基于农业碳汇测算公式，选择合适的碳汇系数，定量评估我国及各省级行政区的农业碳汇量，以此形成中国农业碳汇数据库。最后，不断构建与完善农业碳汇交易平台，并在政府的主导与监督之下，企业和农户依照市场规律进行农业碳汇交易。

第八章　推进中国低碳农业经济发展的对策建议

本章主要内容为推进中国低碳农业经济发展的对策建议，论述了五个方面的内容，分别是农业技术和低碳农业技术体系、市场激励型环境规制和农业生态补偿、完善低碳农业发展的政策保障体系、利用碳金融助力低碳农业发展和构建有利于低碳农业发展的机制体制。

第一节　农业技术和低碳农业技术体系

一、提升农业技术促进低碳农业发展的现实意义

众所周知，低碳农业技术的涵盖范围是十分广阔的，我们大致可以将其分为四部分内容，分别为农业废弃物资源重复利用、农田绿色生态固碳技术、节约型农业技术和农作物体制创新技术。随着我国科学技术发展的不断成熟，我国的农业也逐渐向科技化方向转型，以"高碳化""高效率""低排放""低污染"为最终目标。

（一）加快改变传统农业生产模式，实现优质目标

在以往的发展下，我国的传统农业就一直呈现出投入与效益产出不成正比的问题，在这样的发展模式之下，自然就很容易导致我国农村和农民一些现实问题的产生，如大量农民到大城市去务工寻找出路；农作物受天气和其他现实因素的影响，农民的收入难以维持基本生活。除此之外，环境污染问题也是导致我国农作物产量一直提升不起来的一大重要原因。另外，还有因为本身农村与城市之间就存在大量的经济和文化差距，农民群体普遍受教育程度低，没有保护环境、控制环境污染的意识，导致农村地域的科学技术水平有限，绿色农业的可持续发展

动力不足。只有解决了以上问题，才能保证我国农村地区的绿色农业技术发展有更大的空间和物质、技术保障，有利于其在农村地域的发展与推广，农村农作物生产的现状才能得到转变，才能有效保证我国的粮食安全[①]。除此之外，我国的农村农业部副部长还在"种业科技创新与产业发展专家论坛"中提及，科学技术发展提高农业增长贡献率达到 53.3%，粮食种植在科技进步贡献率中占据比例超过43%[②]。由此看来，农业技术的不断成熟和提升已经在某些方面改变了农业生产效率，同时还对传统农业模式下的生产生活进行了革新。

（二）有利于提高能源利用效率，达到低能耗和低排放的目标

通常情况下来说，农业生产时我们所使用的主要资源就是农村生活燃料、农业生产资源、无机化肥和化学农药。其中，农村生活燃料大致可以分为农民取暖和用电等，而农业生产资源可以分为农产品加工和相关机器燃料等。另外，在进行农业基本生产和再加工过程中，也经常会产生一些废料和废气，如温室气体、牲畜排泄物和生活垃圾等等。除此之外，还需注意的是，我国的农业资源的消耗量不管是数量还是速度方面都在不断攀升。2001—2020 年，农业使用化肥量增加85.2%，农药消耗量增加了 113.8%，柴油消耗量增加了 124.6%。农业、农村环境污染加剧。2020 年生态环境部发布的《全国土壤污染状况调查公报》中提到：土地土壤金属污染率达到 19.4%，主要是镉、镍、铜、砷、汞、铅及多环芳烃等污染物[③]。根据全国污染源调查数据得出，2020 年种植业氮排放量高达 159.78 万吨，牲畜家禽养殖业排粪便量达到 2.43 亿吨。由此看来，我国的污染气体排放量和化肥使用量一直在世界范围中排名靠前，这也从侧面反映了我国是一个高排放量和高能耗的国家。"高能耗、高排放"带来的结果是这 20 年内粮食总产量只增加了16.3%，单位面积产量增加了 29%。针对这样的现实状况，我国储备能源数量十分有限，环境污染程度也日益加剧，改革刻不容缓。在农业生产方面我们只有借助低耗节能的新技术才能保障我国的未来农业发展，才能改善我国的环境污染现状，才能在不久的将来真正实现绿色农业的可持续发展。

①　黄红星，刘晓珂，林伟君，等. 基于专利分析的智慧农业技术发展现状及趋势研究 [J]. 安徽农业科学，2021（3）：238-242.
②　张爱华 . 乡镇农业技术创新存在的问题以及对策探究 [J]. 农业开发与装备，2021（2）：104-105.
③　武超凡，张源 . 农业创新对乡村振兴的促进作用探究 [J]. 中国市场，2021（5）：77-78.

（三）有利于发挥土壤有机固碳功能，实现"高碳汇"目标

调查研究结果显示，农业排放中的二氧化碳主要就是来自土壤中有机物的有氧分解。除此之外，化肥和农业机械设备的过度使用也是导致温室气体排放量攀升的原因之一[①]。根据中国科学院相关统计数据得知，2020年，东北地区农田黑土层厚度比65年前减少了60~70cm，土壤有机物含量只有1%~2%，含碳的温室气体大量排入空气中，85%的黑土地都基本无用。

实现我国绿色低碳农业发展的关键就是，最终要落实到污染气体的排放量和土壤功能的恢复上，从改革农业发展模式入手，致力于实现年国内单位生产总值二氧化碳排放量的下降目标。

二、农业技术体系带动低碳农业发展面临的困境

（一）科技创新制度不完善、研究成果市场使用率低

现如今，我国的农业科技创新工作还是主要由相关领域企业和公立科研机构来完成，其中的科技创新的大部分主要工作的重担还是落在了公立科技创新研究单位身上，而相关企业的研究工作尚还处于初步发展阶段，有待进一步深入研究[②]。根据调查研究结果，截至2022年，我国总共有1035个相关农业科研单位在册，而国家的绝大部分农业科研项目就是由这些单位负责实施。但是这些科研单位的市场化程度还明显不足，从组织架构和人员管理机制上来看仍存在很大漏洞，如奖惩机制不完善等。大部分的科研人员还是选择将研究重点放在论文的发表上，只关注于自身的职业发展，忽略了农业科研创新成果的实用性，很少注重科技成果在农业实践活动中的实际效果，这样的科研成果自然对解决现实问题的帮助并不是很大。面对这样的情况，我国政府投入的大量科研资金显然也得不到有效的应用，相关的农业科研人员还是"轻实践而重理念"，这也使得这些产品在市场的投放率不高，是没有办法应用到实际的农业生产活动之中的，自然也无法获得农民群体的欢迎，最终呈现出的效果就是科研成果的市场转化率低[③]。

① 覃炳光.基层农业技术推广体系现状及创新措施研究[J].新农业，2021（3）：89-90.

② 刘锦汝.绿色农业种植技术推广的重要性及发展建议[J].种子科技，2021，39（1）：121-122.

③ 赵鄞申.农业技术推广对提升种植业的作用[J].农家参谋，2021（1）：40-41.

截至 2022 年，我国一年内取得的农业科研成果超过 7 000 项，但是市场转化率不到 50%，其中真正大规模实践的不到 20%，然而一些发达国家农业科研成果市场运用转化率高达 75% 左右。由此看来，农业科技创新体制的不完善为现实的农业生产生活带来了许多困扰，市场投放率不高，科研成果是无法真正融入农民的实践活动之中的。

（二）低碳农业政策体系不健全、主体积极性不高

要想从根本上促进国家的绿色低碳农业技术发展，国家的农业政策体系是关键。从目前的现实情况来看，我国的相关金融市场政策和低碳农业经济发展政策都尚没有完善，一切都还处于起步阶段，统一的政策支撑制度都还没有形成。从财政税收的角度来说，我国尚没有专门针对低碳发展的相关内容，也没有相关的低碳农业优惠税收政策。从财政补贴的角度来说，虽然国家政府对于农业有一定数量的财政投入和资金支持，但大多数还是被用于了传统的农业生产，对于针对绿色低碳农业的相关补贴政策还没有形成，因而我国的农民群体的积极性和创造性也很难被激发出来。从金融市场政策的角度来说，对于我国低碳农业发展有利的补贴利息贷款和优惠利息等经过长时间的发展依然没有得到有效的实施，甚至连全国性的碳排放权市场和分配市场都还没有建立[①]。总而言之，因为相关政策体系的不完成，使得农业本身是难以激发出农民群体的工作积极性和创造热情的，自然也无法对相关从业者的行为给予有效约束，使得行业内乱象不止，由此也阻碍了我国绿色低碳农业的长远发展。

（三）农业从业者创新意识薄弱、新技术需求不足

我们从技术经济学的专业知识领域来看，如果某种技术被广泛地应用到实践之中，那么就说明技术与技术系统和社会主体（制度）之间形成了某种稳定共生的关系，而这种关系的存在会在一定程度上抵制与之相比更为先进技术的存在和发展，我们也将其称之为"技术发展路线固化"，也就是"技术锁定"。而从中国的农业发展模式来看，我国一直对于化石能源系统的依赖性比较强，这也使得人们的思维方式和制度都对其有较大的依赖性，长此以往，自然农民群体就更加倾向于使用传统的农业劳作和技术方式。除此之外，我国农民群体普遍受教育程度

---

① 黄梁.我国农业科技园区发展演变、问题与发展路径 [J].农业经济，2021（1）：15-17.

不高，他们往往获取新知识和资源的途径都是十分有限的，对于新理念和新技术的接受能力有限，认识程度不深，由此想要从理论发展到实践还是需要相当长的时间的。从风险的角度来说，低碳农业相关技术是需要较高的成本投入的，同时收益周期长、风险也较高，在这样的情况下，我国绝大多数以分散种植为基础的农业生产方式的小农户是无法承担这样的风险的，他们没有物质基础去冒险尝试，也承担不起失败的损失，同时他们的思维方式较为固化，也不愿意转变自己的思想。

（四）技术评价体系不完善、低碳技术确认困难

从我国研究机构和研究人员的角度来说，现在学术领域普遍存在研究层面浅的问题，绝大多数还仅停留在讨论阶段，甚至还没有最终确认低碳农业综合指标的定义。因为我国低碳农业评价指标的缺失，所以我们无法对于现在的发展水平进行准确评估，甚至也无法确认新的技术研究成果是否能够满足现阶段的农业发展需求。另外，我国的低碳农业技术标准也存在一定不足，尤其在减排技术、去碳技术和无碳技术三方面存在较大漏洞，还有一些现行政策标准无法发挥其实际的作用。例如，作为在农村广泛采用的绿色能源——沼气，在相关国家标准规范中有提及建设沼气池需要砖、混凝土和石块等，但是这些材料用在我国北方地区的沼气池建设中是有较大问题的，因为气温过低会导致沼气池的外墙面断裂，这是十分危险的。

（五）传播组织结构不合理、高素质推广人员稀缺

我国目前所实行的一系列农业技术推广制度和活动都是由政府主导完成的，最终形成的农业技术推广体系也可以大致分为两部分——纵向结构和横向结构。其中，农业技术推广体系的横向结构主要由水产养殖推广、种植业技术推广和畜牧兽医领域技术推广组成，而纵向结构则主要由国家到乡村的行政区划结构组成。而负责具体的活动落实、信息咨询和技术培训等工作的则是公共农业技术推广机构和一部分的营利性相关机构。一方面，相关的组织结构较为散乱，各个组织之间无法进行有效的沟通和交流，在这样的情况下，要达到较高的低碳农业技术水平还是有一定难度的。这样持续下去的话，就会很容易出现资源配置不均的情况，如上层配置情况十分完善，但是到了下层就会出现资源无法及时跟进的情况，这

样最终形成的技术组织结构是十分不稳定的，是很容易发生"崩塌"的，推广效果也无法达到预期效果。多数情况下，都是政府强制要求农民去试用一些新技术和新科研成果，这样显然也不会取得太好的效果。另一方面，导致这些问题的原因还有基层农业技术推广机构的人员素质水平问题，如果他们没有较好的文化水平和素质，没有较高的创新意识，会在很大程度上影响到低碳农业生产模式后续推广工作的开展。

三、研发与推广农业技术，实现农业生产的低碳化

要想低碳农业理念能够不长时间被束之高阁，能够运用到实际的生产生活之中，就需要低碳农业技术的广泛推广。但是在实际的理论应用过程中，我们还是会遇到很多的问题，如技术成果与实际需求不匹配和货不对路等。但是最根本的原因还是需要落实到研发主体并不能够很好地将实际农业需求与科研活动结合在一起。从现阶段的农业技术研发状况来看，我们绝大多数的科研成果还是依靠于广大的高校教师和科研院所等，除此之外，还有部分农业相关企业也参与到了相关技术的研发活动之中，但是我们很少看见有农民能够参与其中。从总体的农业生产生活的主体需求的角度来说，农民在其中扮演的角色是非常高的，这显然与我国长期实行的小农经济模式是分不开的。因为社会上长时间的供给与需求状况的存在，使得低碳农业发展被很大程度地制约了，面对这样的现实情况，使广大农民群体接受低碳农业理念和技术就成了目前我们首先要解决的问题，这样才能保证低碳理念逐步覆盖整个农业领域，才有可能实现国家所制订的农业低碳化目标。由此，我们大致总结了以下几条措施，可供实施。

（一）深入农村调研，基于农户需求不断完善低碳农业技术研发工作

从目前低碳农业技术的推广状况来说，最为严峻的还是供给与需求不匹配的问题，这样就必须使得相关的农业科研院所和从事相关研究工作的企业和高校能够对于农民群体的需求给予足够的重视。而要想有效解决这个问题，最好的途径就是要深入农民群体之中。在创新发展过程中，不能埋头苦干，仅仅专注于试验田和手头的研究工作，如果将研究工作和条件理想化，那么这样技术成果的实践性就会大大降低，而能够适应现阶段的农民需求与解决实际问题才是最重要的。

通过研究，我们可以大致将这一过程分为三个步骤。第一，农业技术研发团队应该深入农村内部，展开一线调研，而其中又可以被大致分为两部分内容。①走访调查，与农民群体面对面交流，明确他们实际的技术需求和需要急需解决的困难；②调查一定地域范围内农村地区的土壤土质，能够对当地的水热条件也有基本的了解，可以为我们展开后续的深入研究奠定坚实基础。第二，就是对第一步中我们采集到的信息进行分类、筛选和加工处理，以帮助我们能够从更为专业的角度去探寻实际问题的解决方法，能够找到专业发展和农民需求之间的契合点，以将此方向作为未来技术研发的备选。第三，就是根据备选清单和现实情况，开始着手相关技术研发工作的准备，以此为基础才能够开发出满足实际农业生产生活需要的低碳农业技术，并从专业角度出发不断根据情况对其进行完善。总而言之，只有适合的、科学的、合理的技术才能够推进我国的低碳农业发展不断向前，因而我们一定要充分发挥出技术本身的能动性，这才是解决现实问题的关键"钥匙"。

（二）加大宣传力度，鼓励农户广泛运用低碳农业技术

"酒香也怕巷子深"，虽说这仅仅是在民间流传的几句笑谈，但只要细细思考，我们就能够发现其中也是蕴含着十分深刻的道理的，那就是商品营销的重要性。那么，我们究竟该提升商品营销的效率呢？在笔者看来，对外宣传在其中所起到的是十分关键的。但是从现实的角度出发，其实低碳农业技术是属于一类特殊商品，我们只有采用多种手段，加大对外宣传力度，才能让更多的农户意识到采用新技术的好处，才能够在使用的过程中加深对其的理解，才能够灵活应用到生产生活实践之中。但是，在宣传低碳农业技术的过程中，我们需要注意一些问题：首先，宣传内容一定要切合实际，不可过分夸大事实，以吸引农民的消费。而所谓宣传内容，其中所包括的就是该项低碳农业技术的突出特征，以及未来可能为农民带来的潜在收益。为了能够获得群众基础，我们在宣传过程中一定要实事求是，随意夸大事实内容最终所带来的消极影响还是很大的。其次，尽量采用更为多元化的宣传手段和方式。这是因为个体差异性的存在，不同农民个体在接收信息方面的能力都是有所不同的，领悟能力自然也会存在差距，因此外出推广人员一定要秉持"因人而异"的原则，能够更有针对性地使用宣传策略和手段，这样才能产生事半功倍的效果。最后，要避免发生宣传主体遗漏的问题，尽量保

证宣传对象的全面化。例如，就要使得所有农民能够通过讲解员和线上相关的低碳农业技术宣讲，对这类技术有初步了解。

（三）注重技能培训，引导农户真正实现农业生产过程的低碳化

仅管外宣传活动能够在很大程度上地提高低碳农业技术在人们心中的地位，但是最终归根结底，我们还是要保证相关技术成果能否顺利应用到实际的生产生活之中。从一定程度上来说，低碳农业技术所包含的范围是十分广的，不仅有高效的农业化肥，还有良种培育和相关的节能农业用具等，这显然对于农户自身的素养和能力也是有一定要求的，这也是技术能否顺利应用的关键影响因素之一。虽然我国从事传统农业工作的时间已经十分漫长了，同时农户耕种经验也较为丰富，但是受限于其本身的受教育程度和文化视野开放程度，他们常常在应用新技术和新理念时感到不知所措和力不从心。为了解决这一难题，我们有必要定期对农户开展技能培训，来提升他们的动手操作和理论实践能力，同时为保证实践效果，还需要派遣技术员和讲解员深入一线为农民进行实际操作和讲解演示，这样做主要有三方面的好处：其一，可以减少农户心中的一些顾虑因素，增强他们对于新技术的信心；其二，面对一些农民本身难以解决的实际操作问题，显然技术研发员是可以用更短的时间和更高的效率来解决这些问题的；其三，技术员的加入还可以有效帮助农民实现多种低碳农业技术之间的联合使用，从而实现整个农业生产生活过程的低碳化，为早日实现我国的低碳化目标添砖加瓦。

四、构建低碳农业技术创新体系，推动低碳农业发展

（一）农业技术研究开发机构和组织

农业技术创新体系的基础是农业技术研究开发机构和组织，其中包括农业研究院、农业院校、农业相关企业研究机构等，其主要任务是农业技术的发明创造。企业作为低碳农业技术创新的主体，对市场需求有充分了解，可以根据市场动态灵活变通，在利益最大化的目标下能合理规避风险，积极与农业科技研发机构进行合作，创造具有市场竞争价值的新技术、新产品。目前，我国农业相关企业创新方式已经从以技术引进和改造为主的方向向自主研发创新为主改变，而且大型农业相关企业可以将自主研发创新的成果进行推广和应用，使资源优化合理配置。

（二）农业技术传播机构和组织

农业相关研究推广机构和组织（农业类大学、农业科研院、农业相关企业研究机构等）、农业技术推广机构和组织（各级政府农业相关推广服务部门、农业相关企业技术推广服务部门等）、技术运用推广机构和组织（农民、农业领域企业等）是农业技术推广机构和组织。如今，各级政府农业相关推广服务部门和农业相关企业技术推广服务部门，通过举行展销会、下乡普及农业技术、网络信息交流等多种手段让农民以最快的效率获得低碳农业技术。

（三）农业技术应用机构和组织

农业园区、农民、农业相关企业是应用低碳农业技术的主要机构和组织，是农业创新技术的使用主体，也是农业新技术发展的获益者。为了适应低碳农业发展需求，逐渐兴起的一些农业园区和农业相关企业环保意识明确，也能够积极配合国家宏观调控政策主动实践低碳技术。

（四）农业技术服务机构和组织

金融机构和中介组织为低碳农业技术资金和信息推广提供了服务。金融机构为低碳农业新技术的研发、传播和应用机构与组织提供资金支持，为低碳技术研发相关企业提供绿色信用贷款服务，激励企业进行技术创新，避免企业受研发风险影响。其次，金融机构会给个人与农业园区提供信用贷款服务，使农户和园区有经济条件改造基础设施，购买专业农业机械设备，运用绿色低碳新技术进行生产，促进低碳农业技术逐渐市场化。另外，中介组织可以提供信息服务，使绿色低碳技术需求和供给实现信息相互传递，解决信息不完善和时效低的问题。

五、农业技术创新体制推动低碳经济发展路径

（一）发挥政府在推动低碳经济发展主导作用

由于低碳农业技术创新风险比较高、花费时间长、投入资金高，以及低碳农业社会接受度低等多方面原因，所以目前中国要促进低碳农业技术发展必须以政府为主导。这并不是说政府对技术的创新、推广、运用全部负责，而是政府通过政策制定和经济扶持来完善农业技术创新体系，推动制度、技术和观念互动协调

创新，来推动绿色低碳农业的发展。其中主要包含六个方面：①在各级政府工作人员政绩考核标准中加入低碳农业发展。低碳农业发展水平和地方政府人员的重视程度密切相关，让政府工作人员重视低碳农业发展最直接办法就是将其作为政绩考核重要标准之一，让其与政府工作人员密切挂钩，从而促进绿色低碳农业技术研发、推广发展得到政策支持。同时，重视政府官员生态环保观念，把思想指导和制度约束相结合；②推出相关法律、政策、标准和评价体系。例如：温室气体排放标准、土壤碳汇法规等；③培养出更多的农业技术研发和推广高素质人才。让农业院校多培养人才，丰富人才培养方式，针对性培养专业农业科技研发推广人才，鼓励大学生投入农业。提高专项支持资金，为目前现有的农业科技研发推广人员提供优质的培训和实践机会，提高队伍整体素质水平；④加大低碳农业推广力度，提高农民思想意识。对农民多加宣传和培训低碳技术，通过公益广告、实践示范、"手把手"教学等方法加强农民对于低碳农业的认知和低碳农业技术的掌握，让低碳生产和生活成为农民不可缺少的部分；⑤针对绿色低碳农业发展提供优质的金融政策和财政扶持，同时对低碳农业技术的原始和集成创新以及引进、学习、运用、再创新提供税收优惠和相对应的奖励；⑥树立低碳农业技术发展目标，其为基本制度的制定优先发展技术，优先选择运用范围广、通用性强、经济利润高的技术给予扶持。

（二）进一步完善农业技术创新组织

农业技术一般是分为"公益性"和"经营性"两大类，农业创新组织结构也以此分类。"公益性"技术具有较强的公共性和普遍性特征，所有农户都有使用权。此类技术研发推广应该属于政府职责。首先，政府可以将原有分散、条块分割的农业技术研究机构按照地域分布、专业相近进行资源合理分配，给予各地方部分权限，使其团结合力；其次，推进大学、研究院所的改革，改善原有绩效评价机制和组织模式，增加科技成果奖励，促进"产学研"三者相结合的模式；最后，发挥基层农业技术推广机构组织的作用，有效地把上级技术推广部门和基层技术推广部门进行对接，对公益性农业技术推广部门实行统一收支和全额拨款体制。"经营性"技术具有市场竞争性、利己性和排他性，可采用市场自由机制，由具有较强综合实力的企业负责研发推广的工作。近几年出现大量集科研、推广、应用为一体的农业相关龙头企业，是我国农业科技创新领域的关键力量。一方面，要扶持一批低碳农业领域综合实力强的龙头企业，就要给予它们更多政策、资金上的支持。对企业本身利润分配、经营管理等各项企业运行机制进行完善，建立科学现代化的企业制度。另一方面，要给予各类农业技术服务类组织支持，如农业信息服务组织、农民协会组织、农民教学和培训组织、农业技术运用中介组织，使其有更好的发展。

（三）进一步完善农业技术创新相关制度

有学者认为制度比技术更重要，良好优秀的制度可以促进技术创新，对主体行为起到激励和约束的作用。制度组成了社会保护和鼓励结构，让人们对创新有所期待，从而进一步激发整个社会的技术创新积极性。促进低碳技术研发和推广是完善农业技术创新制度和推进低碳农业发展的关键。比如，通过提高奖励与鼓励机制可以激发相关人员科技创新积极性；可以健全投资和利益分配制度来吸引更多企业参与低碳农业技术研发与推广；可以完善知识产权制度来保护科技研究创新，防止制假贩假行为的出现。

（四）进一步加快农村土地使用权流转进程

土地利用率最大化、资源优化合理配置、推动农业现代化发展、促进农业技术发展、提高农民收入的重点是农村土地使用权流转，也是推动我国低碳农业技术发展进程的重要措施。对土地实行规模化种植有利于新技术和产品的应用，可以有效避免使用低碳农业技术的土地受到周围原始生产模式土地的影响，从而产生收益；土地流转分配后出现的种植大户、综合实力强的企业与分散农户比较而言具有更高农业素质，更容易接受低碳农业思想，更加愿意使用新技术和产品进行生产；与集中的农业生产主体相比，更容易与研究者合作，可以根据市场变化需求进行技术创新。现如今，我国农村土地使用权流转已经从试验期进入具体使用期，各地区根据自身条件对流转模式进行优化。党在十八届三中全会中提到要建立城镇和乡村统一的用地市场，加快新型农业体制的构建，给予农民更多的财产分配，完成城镇乡村公共资源配置合理一体化共同发展的实施政策，推动我国土地流转优化进程。

（五）进一步加快农业金融支持体系改革进程

我国农业金融支持体系还不够成熟，现在实行的主要方式是银行提供的绿色信用贷款业务，以符合环境检测标准、污染物处理方式和生态保护作为信贷审批的前提。从资金提供方向来看，低碳农业绿色信贷主要支持对象是生态养殖、生态种植和循环农业。不容置疑，银行金融机构的支持对低碳农业发展提供动力，但是银行金融支持体制对于绿色农业技术发展的帮助仍然有限，阻碍绿色低碳技术的研发、宣传和运用，对低碳农业发展在一定程度上有所制约，所以还需要进一步完善农业金融支持体系。

第二节　市场激励型环境规制和农业生态补偿

一、市场激励型环境规制

改革开放以来，我国经济发展取得了举世瞩目的成就，GDP 从 1978 年的 3645 亿元，激增到 2018 年的 90 万亿元，稳居世界第二位。在经济高速发展的同时，我国的能源消耗持续走高，连续十年居世界第一。南方电网能源发展研究院 2019 年发布的《中国能源供需报告》显示，2018 年我国能源消耗总量为 46.4 亿吨标准煤，占全球一次能源消费总量的 23.6%。伴随我国能源消耗的日益增长，碳排放总量呈现出持续拉升态势。2006 年，我国碳排放量达到 62 亿吨，首次超越美国成为世界第一大排放国。2018 年，我国碳排放总量达 101 亿吨，占全球碳排放的 27.8%。[①] 为应对日益严重的气候变化问题，中国政府承诺，2030 年左右使二氧化碳排放达到峰值并尽早实现，2030 年单位国内生产总值二氧化碳排放比 2005 年下降 60%～65%。《中共中央关于制定国民经济和社会发展第十四个五年规划和二〇三五年远景目标的建议》提出，要降低碳排放强度，支持有条件的地方率先达到碳排放峰值，以实现"主要污染物排放总量持续减少，生态环境持续改善，城乡人居环境明显改善"的目标。农业是我国的基础产业，其排放量占全国碳排放

---

① 廖文龙，董新凯，翁鸣，等. 市场激励型环境规制的经济效应：碳排放交易、绿色创新与绿色经济增长 [J]. 中国软科学，2020，（6）：159-173.

总量的17%。因而，发展低碳农业不仅是我国如期实现2030年二氧化碳减排目标的客观要求，还是加快农业农村现代化、全面推进乡村振兴的必然选择。

现有经验表明，农业碳减排的既定目标不可能自发实现，必须通过环境规制手段加以干预。环境规制手段可以分为命令控制型环境规制、市场激励型环境规制、自愿性环境规制和隐性环境规制。[①] 不同类型环境规制的目的都是发展绿色经济，约束个体或组织的排污行为，各规制手段之间彼此协调，共同发力，形成有效的降耗减排环境规制体系。从环境规制主体、效率和成本角度，自愿性和隐性环境规制一般不具有强制性约束力，多指个人与企业的自发减排行为及意识。鉴于目前我国碳排放形势及现有环境保护体制机制，完成碳减排目标仍离不开政府的宏观调控与环境监管，因此命令控制型环境规制与市场激励型环境规制将长期发挥作用。

命令控制型环境规制是通过立法或行政部门制定的，旨在直接影响排污者作出有利于环境保护选择的法律制度。这类环境规制能够高效解决环境质量问题，目前在世界各国中应用广泛，我国颁布的《中华人民共和国环境保护法》就属于此类措施，但这类环境规制的政府执行成本较高，过于刚性，污染企业几乎没有选择权，在一定程度上抑制了企业的积极性和生产效率。

市场激励型环境规制是政府利用市场机制、借助市场信号引导企业的排污行为，以激励的方式使排污者自我约束排污行为，主动降低排污水平。这类环境规制既可以为经济主体提供选择和采取行动的空间，相比之下方式更加灵活，手段较为柔和，又可以提高经济主体技术创新的积极性。目前，我国已实施的市场激励型环境规制工具包括排污许可证交易、部分行业的污染税收与专项补贴、税收优惠和污染治理补贴等。

（一）市场激励型环境规制对低碳农业发展的作用

1. 市场激励型环境规制的理论分析

（1）市场激励型环境规制的类别与特征

市场激励型环境规制手段可以兼顾行政干预与市场调节两个方面的积极因素，发挥激励作用、约束作用，较好地协调经济发展与环境保护问题，具体分为

---

① 林枫，饶浪，张晓燕. 异质性环境规制对技术创新二阶段的影响——市场化的调节效应[J].
三峡大学学报：人文社会科学版，2020，（5）：61-67.

价格配给、额度配给和责任法规等三类。价格配给主要通过对生产者的生产活动或产品设置税费或补贴，以增加生产者逃避环境保护责任的成本；额度配给是指在法律法规基础上建立一个环保配额交易许可证市场，发挥许可证的市场交易功能，使不同污染成本的企业在不同排放许可证交易成本和生产成本条件下，依据利润最大化原理自主选择生产计划；责任法规是利用违约金、保证金和押金返还等手段，将生产者的环境污染限定在社会可接受准则之内，否则生产者将遭受经济损失。

市场激励型环境规制运用诱导激励的市场调控手段，引导企业通过促进绿色技术创新、调整产业结构等方式，以降低环境成本，促进产业经济发展。低成本和激励技术进步是其两个显著特征。一方面，与命令控制型环境规制相比，市场激励型环境规制通过经济手段降低政府的碳减排成本，达到减排目的。另一方面，在命令控制型环境规制下，碳排放主体一般仅减排到政府要求的最低限度，未有更新技术的动力；而在市场激励型环境规制下，碳排放主体减排越多，成本越低，收益越高，从而诱导激励碳排放主体主动致力于碳减排技术创新并积极减排。虽然市场激励型环境规制灵活性优于命令控制型，低成本和激励技术进步的特点也更适应当前产业升级的需求，但在实际情况下，生产者对市场激励型环境规制的激励是否作出反应，能否促进经济绿色增长，是评价市场激励型环境规制有效性的关键。

（2）市场激励型环境规制的作用机理

①价格配给。

价格配给包括税费和补贴两种形式。排污税费将环境资源价格纳入产品价格，增加环保成本，促使生产者减排。为了降低税费总额，生产者主动创新绿色生产技术，升级控制污染技术。补贴则为低碳生产者提供经济激励，促进低碳技术升级，降低碳排放水平并促进产业发展。税费与补贴手段共用，可以缩小各生产者的边际减排成本差异。

根据经济学理论，碳税与补贴政策通过影响生产成本达到碳减排效果。以接近完全竞争市场的农产品市场为例说明其作用机理，在该市场中，买卖双方都是价格的接受者，产品价格由市场的供求关系决定。[①] 厂商供给曲线为 s，市场供给

---

① 王可苗.城镇化与乡村振兴：基于四川省的空间实证分析 [J].成都大学学报：社会科学版，2019，（6）：27-36.

曲线 S，是市场内所有厂商的供给曲线水平加总。市场和厂商受政策影响而发生变化（图 8-2-1）。

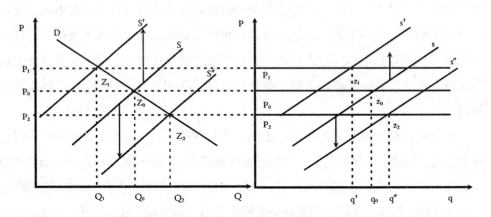

图 8-2-1　税收与补贴政策对市场与厂商的作用机理

在不征收碳税时，市场需求曲线（D）和供给曲线（S）的交点为 Z_0，对应的市场均衡总产量为 Q_0，均衡价格为 P_0，此时厂商会根据 P_0 调整自身生产决策。根据利润最大化的条件，厂商的均衡点为 z_0，产量为 q_0。征收碳税会增加厂商边际成本，使供给减少，s 移动至 s'，此时市场供给曲线为 S'，均衡价格为 P_1，厂商会调整决策将产量从 q_0 调至 q'。若发放补贴会相应使厂商边际成本降低，供给增加，s 移动至 s"，市场供给曲线为 S"，均衡价格为 P_2，此时厂商单产从 q_0 增加至 q"。因此，碳税政策可以促使厂商减产减排，补贴政策会刺激厂商生产的积极性，扩大规模，在具体的政策制定中政府可以根据减排目标将二者复合使用。

②额度配给。

污染许可证交易是额度配给的主要形式，属于间接的激励机制。它通过给相关生产者分配定额，建立交易市场，生产者用完自己的排放额度，可选择停止生产或者向有剩余额度的生产者购买排放额度。在理想状态下，适当的市场价格能够利用生产者减污成本的差异实现调控作用，使生产者恰好达到合意的产量，为生产者提供通过创新、减产等手段出售排放额度的获利途径。额度配给交易制度有利于促进绿色低碳生产、控制排放总量，维持生产并降低限额对经济增长的负面影响。

污染许可证是一种减少生产者排污直至到更符合社会效率的方法。其目标是使污染许可证的价格尽可能接近减污边际成本，分四种情况讨论许可证价格的变化。其中，P_1 代表初始价格，P_2 代表调整后价格。当企业污染的需求增加，排放许可量减少时，可交易许可证的价格从 P_1 上升到 P_2，如图 8-2-2（a）所示。当企业产生污染的需求减少，排放许可量不变时，可交易许可证的价格从 P_1 下降到 P_2，如图 8-2-2（b）所示。当企业产生污染的需求减少，排放许可量减少时，可交易许可证的价格可能不变，如图 8-2-2（c）所示。当企业产生污染的需求增加，排污许可量不变时，可交易许可证的价格从 P_1 上升到 P_2，如图 8-2-2（d）所示。可见，许可证的价格与排放许可量及排污需求相关。

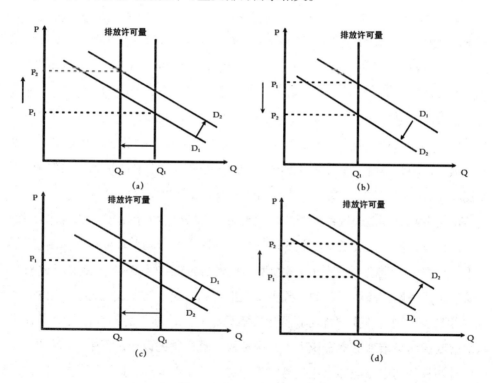

图 8-2-2　排放许可证交易的作用机理

③责任规制。

责任规制将难以获取的污染信息和减排举证责任统一归于生产者，要求其主动提供环境保护信息。相比较而言，具有强制性的排放税费政策能够明显降低污染水平，但不易在信息不对称条件下量化污染水平。责任规制则可利用信息公开解决该问题，包括排污费—返还、押金—返还等方式。依据污染总水平为生产者设定一个社会可接受的准则，生产者污染水平超过该水平时，将受到违约金和超额污染费的惩罚；或是针对可能会污染环境的企业征收押金或排污费，监测一定时期后，如果环境污染程度达标则退还押金或排污费，以此激励生产者降低污染，解决缺乏承诺约束的问题。

2. 市场激励型环境规制对低碳农业发展的调节作用

（1）市场激励型环境规制与低碳农业发展的关系

改革开放四十多年来，我国农业发展取得了历史性成就，但农业发展和碳排放之间的矛盾仍较突出。农业对气候变化而言是一个双重角色。一方面，农业生产是碳排放的一个重要来源。在现有资源约束下，为了实现农民增收、农业增效、农村致富的目标，我国农业生产规模逐步扩大，技术水平稳步提升，但同时也出现了如下问题：生产过程中不合理的化肥和农药的使用、小规模畜禽养殖粪便随意排放、秸秆焚烧、农膜，以及其他生产废弃物无法有效回收利用等造成了农业用地、水体、空气等多重污染，直接影响了农业产出与农民收入。另一方面，气候变化会影响农业发展。2018年，我国受到气候灾害影响的农地面积高达2081万公顷，占粮食播种总面积的17.8%。[①] 因此，只有采取有效措施，加快解决农业发展与碳排放之间的矛盾，才能推动区域农业经济可持续发展。

市场激励型环境规制作为调节以上矛盾的有效制度安排，已经得到国际社会的广泛认可，但在发展低碳农业的过程中，我国市场激励型环境规制实施还存在以下三个方面的问题：一是市场激励型环境规制的制度标准有待完善。具体来说，现阶段市场激励型环境规制的对象主要以工业和交通运输业企业为主，对农业领域关注较少。同时，我国排污收费标准需要结合经济增长的趋势进行动态调整，以缓解我国污染治理的资金压力。在排污权交易机制的设计过程中，当前也存在各地排污权的初始分配和出让交易定价方法不统一的问题，影响了全国排污权交易机制的发展，并且排污权有偿使用规则、排污权交易市场制度，以及具体的交易规章等缺乏系统有效的政策和法律规定做支撑。二是农业生产经营主体环境保护意识有待提升。中国农业的主要主体是农民，农民的低碳行为对于农业碳排放有着重要的影响。中国农民的文化水平相对不高，不重视对于环境的保护，这无

---

① 国家统计局农村社会调查司.中国农村统计年鉴—2019[M].北京：中国统计出版社，2019：62-67.

疑增加了市场激励型环境规制的实施阻力。三是环境规制对农业生产的促进作用体现得还不够明显。"波特假说"认为，合理的环境规制能够达到产业结构升级和碳减排双赢的效果，且环境规制在农业技术创新对农业碳排放影响中存在显著的调节效应。目前，我国农业整体还处在粗放型生产阶段，综合农业生产技术水平不高，市场激励型环境规制对农户环保行为的刺激尚不明显。同时，市场激励型环境规制在实施过程中，对与农业活动相关的其他产业之间的联动碳减排效应重视不够，在一定程度上忽略了如新能源、新材料等相关产业发展对农业碳排放的间接抑制作用。

（2）市场激励型环境规制在推动低碳农业发展中的作用

农业生产与气候变化息息相关，提高农业生态系统应对气候变化的能力，维持生态系统碳循环的平衡运转，实现生物圈的碳平衡，是发展低碳农业的关键。减缓碳排放、达到动态平衡的碳中和、提高农业经济效益是低碳农业的根本目标所在。从经济效率上，市场激励型环境规制优于命令控制型环境规制。具体表现在以下几方面。

一是在命令控制型环境规制下，生产者用于控制污染的成本远远大于降低产量的成本，大多数企业通过减少产量来降低成本，根据供求原理，此时产品价格将会提高。而市场激励型环境规制则主要是运用经济手段来进行环境规制，旨在把环境成本包含在企业的商品和服务的价格之内。根据价值规律，利用价格、税收、补贴等经济杠杆来调整环境保护政策，使得控制污染的成本降到较低水平，通过提高生产效率来获得更高的利润。

二是不同发展水平的企业在命令控制型环境规制下要执行相同的标准，企业即使采用低碳技术，也不能获得直接的经济效益，不利于企业进行技术创新。而市场激励型环境规制并不规定相应的污染控制标准和技术，它是借用市场机制、市场信号作用来激励企业在追求利润最大化的过程中选择对控制环境污染最有利的决策。

三是命令控制型环境规制在控制环境污染方面见效快、可靠性强，但同时具有高成本、低效率、低激励的弊端。为克服这一问题，1972 年 OECD 颁布"污染者付费原则"，以市场为基础的环境规制受到世界各国广泛重视，从长期经济效率角度来看，市场激励型环境规制更能促进环境、经济与社会的协调发展、长远发展。

（二）市场激励型环境规制在低碳农业发展中的实施原则和路径

1. 市场激励型环境规制在低碳农业发展中的实施原则

（1）坚持以促进农业产业结构升级为导向

环境规制对产业发展来说，既是压力也是动力，不适应市场需求的产品最终将在市场竞争中退出。环境规制通过减少农业生产要素过度使用，提高要素使用效率，直接抑制碳排放。党的十九届五中全会提出了"优先发展农业农村，全面推进乡村振兴"的部署要求，当前在农业农村发展中，要加快推动绿色低碳发展，持续改善环境质量，提升生态系统质量，全面提高资源利用效率。低碳农业是未来农业发展的方向。制定有效的环境规制措施，推广和创新低碳农业模式和技术、引导农民生产行为向低碳化转型，既是低碳农业替代传统高碳农业的核心，也是实现低碳农业的根本途径。未来我国农业现代化的一个重要切入点就是围绕现代化种业、标准化农田、仓储、冷链、物流设施建设，构建与之配套的多元市场激励型环境规制。

（2）坚持以推广低碳农业技术为重点

农户作为"经济人"，根据市场、政策和自身价值观配置生产要素。农业的内外部条件均影响低碳农业技术推广。农业的内部条件主要涉及农民的基本特征，包括性别年龄组成、文化水平，以及对低碳农业的认知水平，高学历的农民更倾向于接受低碳农业生产行为，也更关注低碳农业的发展潜力和长期收益。外部条件指环境政策、生产形式和规模等资源条件。从这一角度出发，适度提高规模化水平有利于大力推广规模化的低碳生产技术，提高生产效率。

（3）坚持以市场规制与政策导向相结合为基础

市场是推动低碳农业发展转型的根本动力。市场激励型环境规制通过调节农产品价格波动、供求关系，发挥市场效率，促进资源有效配置，提高整体资源利用率。市场激励型环境规制应与国家政策相统一、相结合，避免市场失衡、失灵，坚持尊重市场规则，用好"无形的手"；配合政府制定政策，用好"有形的手"。

2. 市场激励型环境规制在低碳农业发展中的实施路径

环境资源具有公共产品的特殊属性，决定了其供给与需求受制度支配。市场激励型环境规制提供了一种分析经济与制度间相互作用的工具与方法。在构建党的十九届五中全会提出的新发展格局过程中，市场激励型环境规制的重心应尽快实现从环保产业链末端的污染防治向源头治理的前端调整，健全完善生态环境管控政策、完善环境质量管理政策机制和优化生态环境市场经济机制。在低碳农业发展中，市场激励型环境规制需要进一步调整和优化。

（1）完善现有市场激励型环境规制政策

我国市场激励型环境规制政策尚处于起步阶段，应注重进一步完善经济政策，优化调控政策，提升市场经济政策在生态环境规制中的地位。一是建立环境财政预算制度。建立环保减排补贴、低碳技术补贴、低碳消费补贴的专用账户，精准补贴农业领域低碳技术创新，引导补贴从生产端向消费端转移。二是完善税费价格政策制度。继续完善环境保护税、污染税等资源税。未来单独设立碳排放税，区分各行业的碳税率，落实市场化的碳税—补贴组合政策。重点探索并调整组合政策的征税范围、征税方式及适合税率。三是健全碳排放权交易机制，进一步扩大碳排放权交易的覆盖范围，形成协调统一、权责分明、监管有效的资源权益交易市场。四是鼓励构建市场化的碳金融体系。鼓励重点区域设立减排基金，运用资本市场支撑可持续的绿色低碳技术创新。

（2）增强农业生产经营主体创新意识

市场激励型环境规制的实施，与市场主体创新意识的强弱息息相关。而我国农村经济社会发展远远落后于城市，农业生产经营主体的创新意识相对比较薄弱，要想通过市场激励型环境规制促进低碳农业发展、推动农业科技进步，政府应该充分运用市场调节手段，通过利益导向和激励机制，既要鼓励农业科研机构发挥农业科技创新领军作用，又要扶持农业企业、农村合作经济组织和农户，大力增强环境保护意识，不断加快农业科技创新步伐，为市场激励型环境规制在低碳农业发展中发挥作用奠定坚实基础。

（3）深化市场激励型环境规制落实

目前，我国碳减排的资金投入并不充足，市场激励型环境规制尚不完善，一方面为我国农业低碳化发展提供了广阔空间；另一方面，也对市场激励型环境规制的落实提出了更高要求。一是促进市场激励型环境规制充分发挥刺激技术创新的作用。重点引导技术创新弥补环保成本，提升农产品附加值，以抵消环境规制的合规成本，提升全要素生产效率，推动农业产业结构升级。二是利用市场激励型环境规制推动农村产业发展。尽量规避环境规制短期内给农业生产者带来的冲击影响，在运用市场激励型环境规制政策时应充分考虑农业产业平均利润低、技术升级难度大带来的风险，考虑农业减排周期长、风险大的特点，长远考虑产业整体的竞争力。三是重视因市场激励型环境规制实施带来的环保行业的发展，抓住新增的环保行业巨大市场，重点扶持新能源、新材料、循环经济技术的发展与应用，带动农业产业链健康发展。

二、农业生态补偿

农业生态补偿已被世界各国广泛用来应对农业领域的生态环境问题，其本质在于通过经济激励手段，将农业生产活动的环境外部性内部化。如何更好地实现农业生态补偿的实际可操作性和激励有效性，一直是学术领域关注的焦点，部分学者尝试通过不同角度和方法对资源环境进行精确定价，如生态系统价值当量因子法、机会成本法、条件价值法、生态足迹法等，以期厘定更为合理的生态补偿金额，从而提升农业生态补偿的可行性、公平性；还有学者运用理论分析、实证检验等方法，通过对生态补偿实际案例的剖析，多角度评价生态补偿机制的有效性，试图找出可能导致生态补偿机制失灵的问题，并针对此提出相应的对策建议，从而提升补偿机制的激励有效性等。

现阶段，我国农业经济发展面临"资源约束趋紧、环境污染严重、生态系统退化"的严峻形势没有根本改变。为了应对农业环境问题，国家将推进农业绿色发展作为生态文明建设的重中之重；党的十九大报告强调加快以绿色为导向的生态补偿制度建设，推进绿色生产和生活方式的转变。农业生态补偿机制研究已成为我国农业功能区生态环境保护的一项极为迫切的战略任务。生态补偿标准是补偿政策顺利实施和持续运行的关键。合理的补偿标准是激励环境保护者绿色生产行为，使其共享生态福利的重要手段。因此，重新界定农业生态补偿的内涵，厘清补偿定价的思路和依据，是准确测度补偿标准的基本前提，更是提高补偿政策效能有效途径。农业生态补偿是生态补偿的重要领域，至今国内外未给出统一的概念，但类似于WTO的"绿箱"政策，是依靠政府机构推动的，运用经济手段和市场措施，对保护农业自然资源和生态环境而损失个人利益进行补偿的一种政策手段。国外基于环境服务付费（PES）原则，开展生态补偿原理与依据的研究。有学者认为生态补偿是生态服务使用者向生态环境保护者自愿支付的费用，支付标准应基于对生态环境服务价值预期评估。还有学者认为补偿标准应超过生态管理者从原来土地用途中获得的额外收益，而又必须低于环境服务受益者获得的服务价值。李晓光、赖力、杨光梅等学者借鉴国外研究成果，提出生态补偿标准应介于受偿者机会成本与其提供的生态服务价值之间，生态服务价值可作为生态补偿标准的理论上限。现有的研究大多认为农业生态补偿标准确定应以农业生态系统服务价值为依据，同时考虑生产者的意愿因素，又以支付者意愿价值作为补偿依据的研究居多。基于传统定价思路的研究为生态补偿标准提供了借鉴，但是评价标准不统一，缺乏一般性，存在评估结果不准确、主观性太强等问题。

（一）农业生态补偿理论基础与内涵

1.农业生态补偿理论基础

农业绿色发展是农业发展观的一场深刻革命，是绿色发展理念在农业领域的创新和实践。农业绿色发展面向农业弱势产业和农民弱势群体，使其共享技术进步成果和生态福利。绿色发展导向下农业生态补偿不仅以生态补偿理论基础为依据，还要体现农业包容性增长和提升民生福祉的发展理念。农业生态补偿的理论基础由传统西方经济学理论和中国生态文明建设理论两大部分组成，其中传统西方经济学理论又以外部性理论、公共产品理论、生态资本理论为核心，中国生态文明建设理论则以绿色发展理论及民生福祉理论为基础。

第一，外部性理论的"庇古税"和科斯定理从两种视角解决外部性问题。农业绿色技术生产行为具有显著的外部性特征，政府应对生态环境保护者给予合理的报酬和奖励，以激励绿色环保行为，实现绿色生产过程帕累托最优。

第二，公共产品理论的原理表明，农业绿色生产技术是介于私人产品与纯公共产品之间的准公共产品，在推广实践中应采取市场机制与政府调节相结合的方式。

第三，生态资本理论认为生态及其服务都是可资本化的资源，农业绿色生产为农业生态资本的保值和增值做出贡献，并可以增进人类福祉，因此应该得到相应的补偿。

第四，绿色发展理论是新阶段。中国特色社会主义理论的继承和发展，最终实现农业产业"布局生态化、过程绿色化、产品优质化和消费低碳化"的目标，其中，布局生态化是绿色发展基础条件，过程绿色化和产品优质化是绿色发展核心任务，消费低碳化是绿色发展实现结果。

第五，民生福祉。理论源于"良好的生态环境是最普惠的民生福祉"的科学论断。农业绿色发展是补齐生态环境公共供给短板的重要途径，也是增进民生福祉的优先领域。农业绿色发展与生态环境保护融合，将生态优势转变成乡村振兴产业优势，实现绿水青山变成金山银山的夙愿。

2. 农业生态补偿科学内涵

农业生态补偿是生态补偿的重要领域，至今国内外未统一界定农业生态补偿概念，但类似于 WTO 农业补贴政策的"绿箱"政策，是依靠政府机构推动的，运用行政、法律、经济手段和市场措施，对保护农业生态环境和改善农业生态系统而牺牲自身利益的个人或组织进行补偿的一种政策安排，在指导农业生产中应遵循"谁保护、谁受益"和"谁投资，谁受偿"的原则。由此，农业绿色发展生态补偿是支持和推广绿色生产方式的一种政策手段，针对生态环境保护者在绿色技术应用过程中产生外溢效益及减少外溢成本的行为给予合理报酬和奖励，其目的是激励生产者环保行为并提高农产品质量。农业自然资源种类繁多，各种资源对人类的用途和功能各异，从为人类提供食物和生命起源角度看，耕地资源无疑是最重要和基础的自然资源。农业绿色发展技术导则（2018—2030）包含的技术类型多样，但"农业绿色发展五大行动"中有 3 项行动都涉及种植业生产技术。鉴于此，为了聚焦主要领域、优先解决关键技术问题，本书以耕地资源和种植业绿色生产技术为例，探讨农业生态补偿的内涵与内容。

（1）农业生态补偿类型划分

根据生态补偿对象的属性特征不同，将农业生态补偿划分为农业资源资产保护的补偿、农业绿色生产行为的补偿两个类型。一是耕地资源保护行为的补偿，即政府通过行政激励与管制手段，针对资源保护利用和生态服务功能的开发者（经营者），对提高资源使用价值的开发和利用进行补偿。二是绿色技术应用行为的补偿，即政府通过经济激励手段，鼓励应用绿色生产技术及参与农业环境保护而丧失发展机会及私人利益的经营主体，给予经济或政策奖励及优惠。

（2）外溢效益价值构成划分

外溢效益价值分类研究是生态补偿定价问题引向深入的基础。不同技术作用于生态环境的影响不同，产生的生态服务功能价值和非市场价值也不同；借鉴前人研究成果，重建农业生态系统的外溢效益与外溢成本的价值构成。如表 8-2-1 所示：两大生态补偿类型的外溢效益不同点在于，耕地资源保护对于提供社会保障和维护社会稳定功能是不可替代的，所以社会保障价值是资源型补偿的重点之一；农业绿色生产技术是以政府为主体推动的，生产者（农户）作为技术外部性的被动承受者，其支付意愿和主观偏好决定着技术的环境服务价值，因此补偿意愿价值应该作为技术生产型补偿的重要内容。外溢成本价值分类主要参照生态资本理论、外部性理论和供给需求理论，外溢成本指标的选取应满足"影响大且重要、被科学证实需要评估及可以量化"3 个基本条件。

表 8-2-1　农业生态补偿的外溢效益与外溢成本价值构成

类型	外溢效益	外溢成本
耕地资源保护补偿	经济产出价值	生态建设投入
	生态服务功能价值	资源产权权益
	社会保障价值	发展机会成本
绿色技术应用补偿	经济产出价值	边际生产成本
	生态服务功能价值	边际外部成本
	补偿意愿价值	边际机会成本

（二）农业生态补偿对象与内容

在厘清农业生态补偿科学内涵及农业生态系统"外溢效益"和"外溢成本"构成基础上，进一步细化不同类型生态补偿标准核算依据（表 8-2-2），系统回答应该"补什么"关键问题。

表 8-2-2　农业生态补偿的对象与内容

类型	补偿客体	补偿类型	补偿内容
耕地资源保护补偿	影响个人或组织	资源开发建设	环境正外部性减少和私人利益损失
	保护者或组织	资源保护利用	降低环境负外部性的成本投入及损失
绿色技术应用补偿	生产者或参与者	环境污染治理	降低环境负外部性的成本投入及损失
	生产者或参与者	环境质量提升	提升环境正外部性的投入及收益损失

1.耕地资源保护行为的补偿

农用地被征用和开发建设时，由于土地所有权、用途的变更，使得土地丧失原有的生态服务功能，资源的稀缺性和利用的不可逆性决定了资源开发实际利益者（所有权益者），应当就资源资产价值的减少支付补偿费用，即对环境正外部性减少和私人利益损失进行补偿。

农用地被节约和保护利用时，农业生态技术的应用在保护土地资源和环境的同时，实现了生态资本的保值和增值，其增值所获得的各种收益应该得到相应的分享，生态补偿就是对生产者投资生态环境保护行为的合理回报。

2.绿色生产技术应用的补偿

农田生态环境污染治理补偿，生产经营者在采用绿色技术过程中，降低了传统生产方式对环境的负外部性影响，有效减少了生产的环境成本，而产地环境洁净又提升了粮食产品质量，更符合消费者需求，因此应对生产者降低环境污染负外部性而付出的成本代价进行补偿。

农田生态环境质量提升的补偿，生产者应用耕地环境质量提升技术使得农田生态潜力和生态环境质量得到改善和提高，产生了显著的正外部性，农业生态产品的供给者应该平等地分享生态资本增值收益，因此应该对生产者提升环境质量正外部性而损失的私人收益进行补偿。

（三）农业生态补偿标准定价依据

补偿标准是补偿机制的决定性因素，也是关乎补偿机制顺利实施和持续运行的核心问题。纵观现有研究发现，关于农业生态补偿标准的研究还处于探索阶段。目前，生态补偿标准的确定以生态系统服务功能价值理论、市场理论和半市场理论为基础，以农业生态系统服务价值为依据，同时考虑生产者的意愿因素。国内农业生态补偿标准定价研究形成三大主流观点。一是借鉴国外研究思路，以资源或技术的生态服务功能价值为对象，基于多方法技术途径，测算生态服务功能价值量，以此作为农业生态补偿标准定价依据。二是采用国际社会通用的意愿价值评估方法或选择实验方法，以受访者受偿意愿或支付意愿价值评估作为生态补偿的主要依据。三是以农业生产技术应用的实际成本和损失的机会成本作为技术推广生态补偿标准的参考。近年来，随着国家加快推进以绿色为导向的农业生态补偿制度建设，农业生态补偿标准定价机制的研究也由传统思路向多元化和差别化方向发展。

1. 耕地资源保护生态补偿标准定价

耕地资源承载着粮食安全、工业化、城镇化建设用地及生态环境建设等重大功能。耕地资源保护的生态补偿标准研究一直是农业生态补偿领域的研究热点。当前，大部分研究认为耕地资源的生态服务功能价值评估是确定生态补偿标准的重要依据，价值评估研究主要围绕耕地资源的全价值、外部性价值及生态服务价值测度等3个方面进行。一是以耕地资源生态价值评估为定价依据。如何界定耕地资源的全价值量是核心问题，通常认为耕地资源价值包括经济产出价值、生态服务价值及社会保障价值，其中经济产出价值是一种市场价值，社会保障价值是一种非市场、非外部性价值，生态服务价值则是一种外部性价值，并应用收益还原法、替代市场法和意愿价值评估法估算典型区域耕地资源的总价值。二是以耕地资源外部性测度为补偿依据。随着农业资源公共产品的外部性特征被重视，耕地资源外部性价值评估研究也不断深入，已有研究认为耕地资源的外部性是非市场价值的集中体现，既包括了耕地的社会保障和生态服务价值，又包括选择价值、馈赠价值、存在价值等。因此，大多数学者采用意愿价值评估法或选择实验法来测度生产者参与耕地保护的支付意愿（受偿意愿），估计耕地保护的外部性价值，也有少部分案例采用收益还原法或生态价值修正系数法等进行研究。三是以耕地资源机会成本核算为补偿依据。成本测度作为补偿标准定价依据的研究比较普遍，由于成本测度相对于收益测度更简单易行且容易接受，但不能全面评价耕地保护行为的绿色贡献，只能作为补偿标准下限的参考。

2. 农业绿色生产技术补偿标准定价

农业绿色生产技术生态补偿标准的研究已成为农业生态补偿的热点问题。由于农业绿色生产技术具有显著的外部性特征，技术应用所带来的外部效益远大于应用者自身获得的经济效益，所以大多数研究选择意愿价值评估方法（contingent valuation method，CVM）进行价值分析。一是以技术应用支付意愿或受偿意愿价值为依据。在实际研究中，通过问卷调查、核心估值引导、投标值选择等方式来获得技术使用者参与环境保护项目及生态技术的支付意愿与受偿意愿价值，综合所有受访者的统计期望值来估计技术产生的生态服务价值。学者在消除CVM方法偏差实证研究方面提出改进策略，主要包括建议采用双边界二分法格式引导技术、尝试从受偿意愿和支付意愿两个视角进行评估、增加样本容量以避免随机抽样偏差等。二是以多方法综合评估生态服务功能价值为补偿依据。鉴于 CVM 方法主观性太强和评估结果缺乏信任等问题，更多的研究将实验观测法、剂量反应法及能值分析法等与 CVM 方法相结合，综合评估技术产生的生态环境效应价值，为生态补偿标准寻求更准确的定价依据。例如：在环境友好型技术生态补偿标准研究中，将实验观测法与机会成本法和 CVM 方法相结合，测算技术产生的生态效益价值和机会成本价值，提出合理的补偿标准理论界限；在农业功能区生态环境保护补偿标准研究中，综合运用能值分析法、环境成本与生态服务价值评估法等测度环保行为的生态服务价值，为提高补偿定价准确性探索路径。三是从多元化视角创新补偿标准定价思路。目前，部分研究开始探索补偿标准定价新机制，在理论上提出建立多元补偿标准间的结构性衔接制度，以及实施差别化补偿方案；在方法上改变以往从生态成本和生态价值独立视角核算补偿标准的思路，将成本与效益统一在整体分析框架中，从而推动农业生态补偿定价方法研究走向深入。

综上所述，上述 3 种定价思路研究为补偿标准确定提供参考借鉴，但依然存在几点不足。一是以技术的生态服务价值作为补偿定价依据，准确核定单位价值量，提高评估可信度是亟待破解的难题。我国农业环保技术尚缺乏完善的市场环境，普遍采用国外的价格体系难以反映真实的消费者参与，从而导致最终评估结果不准确。二是 CVM 方法更好地揭示消费者偏好，有效评估环境物品的非使用价值，但以意愿价值作为补偿定价依据缺乏公众信任，源于 CVM 方法的规避偏差和有效性改进问题亟待解决。三是以技术的生产成本投入作为补偿定价依据，并不能全面反映生产者环保行为的外部性绿色贡献，补偿标准过低不能弥补个人利益损失，也有失公平。因此，基于农业生态补偿内涵与内容的理解和认识，从外部性视角进一步界定理论价值上限和下限边界是补偿定价关键问题，探索多方法相互印证、相互补充的评价体系是农业生态补偿制度标准化研究的重要方向。

（四）农业生态补偿标准定价思路

1. 补偿标准定价思路

科学认识农业生态补偿定价依据，界定农业生态补偿的政策边界，即对生产者降低环境污染负外部性而付出的成本代价及提升环境质量正外部性而损失的私人收益进行补偿。农业生态补偿标准的定价思路应考虑 3 个方面影响。①绿色生产行为对降低环境负外部性和增加正外部性两方面的影响，正外部性和负外部性价值之和为外溢效益价值；②技术应用主体在生产中付出了额外的成本和代价，从公平性考虑补偿应该满足生产者的意愿和诉求；③绿色生产技术本身不具有市场竞争力，需要政府在有限的资金和服务范围内优化调控机制、提高政策效能。由此提出基于外部性"双边界"视角的农业生态补偿标准定价思路，总体思路框架如图 8-2-3 所示。

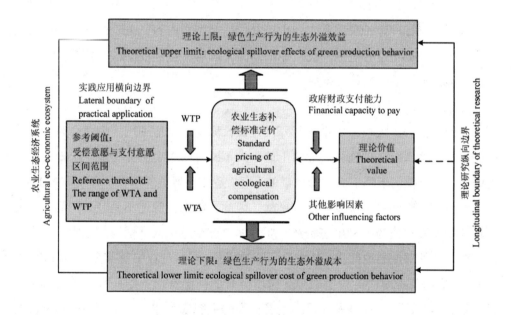

图 8-2-3　农业生态补偿标准定价思路框架

具体内容如下。

第一步，从理论研究的纵向边界界定补偿标准的理论上、下限值。以农业资源保护及绿色生产行为产生的生态外溢效益作为补偿标准的理论上限值，以资源环境保护过程产生的外溢成本为补偿标准的理论下限值，其差值为农业生态补偿标准的理论价值。

第二步，从实践应用的横向边界界定补偿标准参考阈值和定价依据。一是从补偿客体（生产者）应用实践层面确定补偿参考阈值，以农业绿色生产技术采纳的受偿意愿和支付意愿价值区间范围作为参考阈值，根据补偿对象属性确定适宜的评估尺度，以支付意愿（willingness to pay，WTP）和受偿意愿（willingness to accept，WTA）的比值为修正参数。二是从补偿主体（政府）政策实践层面确定最终补偿标准，以中央政府及地方政府实际财政支付能力为基本遵循和制定补偿标准的重要依据。

总之，补偿标准的定价机制要系统分析，综合考虑理论上限、理论下限、参考阈值、启动机制和财政分配等多要素影响，制定符合中国国情、农情，推进资源节约化、过程绿色化的农业绿色发展生态补偿定价机制。

2. 补偿标准核算依据

根据补偿标准定价思路和农业生态补偿的类型与内容，分析并探讨不同补偿类型的外部性量化途径及内部化可能的问题，确定补偿标准的核算依据，为完善补偿标准评价体系提供理论支撑。

（1）资源开发建设补偿

耕地资源一旦被投入资本进行开发建设，原有的土地利用类型就会减少，原来的农业生态系统将被破坏，导致土地丧失了原有的生态服务功能。土地资源生态服务功能价值的下降引起环境质量的下降，造成环境负外部性和环境成本上升，人类的生存安全和可持续发展面临挑战。因此，耕地资源绝不是公共产品，要使得耕地资源真正成为一种生态资产，要遵循"谁受益、谁补偿"的原则，实现生态资源破坏外部性的内部化。从农业资源的开发、利用过程中获得实际利益者（使用者），应当就资源资产价值的减少付出应有的补偿费用（如征税或规制政策），以重置成本为依据；在开发建设中遭受损失的组织或个体，应当按照使用资源的预期收益和机会成本获得补偿。在政策实施中要解决好两个关键问题。一是建立清晰的土地产权制度，使生态资本的所有权益在资源开发利用中得到充分体现；二是探索采取补偿与惩罚双向激励抑制手段，一方面维护资源保护者的个人利益，另一方面约束破坏土地生态的行为。

（2）资源保护利用补偿

耕地资源保护利用以农业绿色生产技术为依托。首先，农业生产者通过生态技术运营和有效管理，保证农业生态系统为人类提供安全农产品和环境生态服务，使得农业生态资本，如直接进行生产与再生产的自然资源、生态潜力和生态环境质量等得到保护和提升；为了积累生态资本所耗费的各种成本（生态资源的维持成本、修复成本、重置成本、景观建设成本、机会成本等），以及由其所提供的生态系统服务必须得到相应的补偿。

其次，农业环保技术的推广和应用在保护自然资源和环境的同时，实现了生态资本的保值和增值，生态资本具有不断增值的资本属性，其增值所获得的各种收益应该得到相应的分享。只有平等分享到生态资本增值带来的收益，才能促进生产者对生态资本的投资，提高人们对生态资源供给的积极性。因此，生态补偿实际上就是对生态资本增值收益的分享，是生产者投资生态环境保护的合理回报，应以资源保护者直接投入、发展机会成本、资源保护的生态服务功能价值作为补偿依据。在实施过程中，应该遵循"谁保护、谁受偿"的原则，要明确耕地资源保护的社会责任，增加自然资源生态价值产权的可交易性，调动人们参与生态资源保护的积极性。

（3）环境污染治理补偿

农业绿色发展的核心任务是转变传统高污染和高消耗型的生产方式，建立与资源承载力相适应、与环境容量相匹配的生产力布局，构建农业绿色生产技术清单，在土壤重金属治理、面源污染防控、秸秆综合利用、外来入侵生物防控及生态农业模式等重点领域实现技术创新。国家大力推进的主要环境污染治理技术有化肥减施增效技术、农业面源污染治理技术和重金属污染控制与治理技术等，生产经营者在技术应用过程中，不仅产生了重要的外溢成本，包括额外投入生产成本、农业生产环境成本、损失发展机会成本，同时在环境污染的治理和防控过程中改善生态系统服务功能而形成显著外溢效益。因此，要全面激活农业绿色发展的内生动力，就要从兼顾公平性及外部性贡献考虑，以技术应用者创造的生态服务功能价值和成本投入为补偿依据，建立并完善与技术推广服务体系相适应的补偿制度安排和规范导向。

（五）保障农业生态补偿运行的建议

1.转变农业粗放生产观念

低碳农业对提高农业生产质量、保护农业生态环境具有重要的作用。现阶段，大部分省份的农业生产具有正的净碳汇效应，因此应从发挥农业固碳功能和减少农业碳排放两个方面进一步增强各地区的农业净碳汇效应。首先，在种植业领域，可以通过发展水旱轮作等方式提高土地利用率。也可以通过垄作免耕技术，使土壤中二氧化碳的含量得到较大提升，免耕技术可以在很大程度上减少对农机的使用，进一步减少碳排放，在增强农业的固碳和吸碳能力的同时，也能保持水土，促进低碳农业的发展。净碳汇量为负值的地区（如青海、西藏）应加强生态农业建设，可以通过利用有机肥、可降解的农膜，以及科学的施肥管理技术等减少农业生产对化石能源的依赖，进一步减少农业碳排放。其次，在畜牧业领域，可以推进畜禽健康养殖技术，也可以建设液体粪污沼气工程，对畜禽养殖场采取厌氧生物处理和物理处理相结合的方法。在农业资源利用方面，从节能、节肥、节药等方面入手实现提升农业投入利用效率的目标。

2. 确定科学的补偿标准

确定合理、科学的补偿标准对于实现补偿起到了至关重要的作用，是完善农业生态补偿制度的关键步骤。农业生态补偿制度不能采取"一刀切"的做法，而需要因地制宜、因时制宜，根据各地区的实际情况确定具有可操作性的补偿标准。农业生态系统的保护及治理是一项复杂且庞大的工程，因此需要建立统一的生态服务价值评估核算体系，如生态价值评估法和机会成本计算法。目前学界并未形成统一的农业碳收支核算的方法，对于碳源与碳汇的界定也有差异，需要相关部门或相关法律统一测算方法，为农业碳补偿标准的制定提供参考。政府可以设置跨地区合作的专门研究小组，协商确定农业碳收支核算体系和农业碳补偿费用核算方法。从我国目前农业生态补偿的实际情况来看，补偿额度并未考虑到不同区域之间的公平发展。在测算补偿额度的时候，在适当考虑各区域的经济、自然和社会等条件的基础上，对以生态价值评估值为基础计算的补偿标准进行调整，这样可以推动受偿者主动发展低碳农业，符合现实的需求。

3. 确立多元化的补偿方式

农业生态补偿的方式不仅可以依靠资金补偿来实现，还可以与其他许多种补偿方式共同实现，如实物补偿、智力补偿和政策补偿等。实物补偿是指购买农机等实物给予受偿者，增加他们的农业生产设备和要素，以提升他们的生活水平，如给农民提供节能减排的设备和机械，对于提高农民生产积极性和促进农业生产碳减排有一定的促进作用；智力补偿是指应该接受补偿的对象提供不收取费用的智力服务，如提供培训和指导等支持服务；政策补偿是指政府给予受偿者政策方面的优惠，例如，优先进行农业基础设施建设、对相关农业企业采取税收优惠政策等。为了提高农业生态补偿的效率，可以借鉴国外经验采取项目支持的方式，对受偿者进行多元化的补偿。这样不仅可以激发农民保护和建设农业生态环境的积极性，也有利于提升他们在环境保护方面的知识和能力积累，对于促进农业低碳发展有着长效性的影响。

4.拓宽补偿资金的来源渠道

为了促进农业生态补偿制度的顺利实施和健康发展，应拓宽补偿资金的来源渠道。一是保证政府支出持续有效地供给。政府的资金支出为农业生态补偿资金提供了最有力的支撑，占据十分重要的地位，农业生态产品具有公共产品的特性，加上农业生态建设需要投入大量的资金和时间，因此政府的财政支持对于维持补偿资金的供给具有重要的作用。二是政府也可以单独设立农业生态补偿专项项目，确保农业生态补偿有持续稳定的资金来源。可以设立用于保护农业生态的补偿专项基金，用于农业生态功能区的生态建设、农业环境保护基础设施的建设、生态移民补助等。三是农业生态环境受益地与政府之间的横向转移支付，引入横向转移支付有着重要的意义，引导地区间进行横向补偿，大大减轻中央财政支付的压力。这样能够更有效、更直接地刺激农民采取绿色的生产方式，减轻对环境的伤害，也有利于区域公平发展的实现、区域治理体系的完善和区域治理能力的提高。四是可以引入其他市场化的融资渠道，发挥市场的主体作用，如引入非政府组织和个人的捐赠、资金的投资收入等。多种渠道的补偿资金可以保障补偿资金的有效供给，弥补落实农业生态补偿制度和发展低碳农业所面临的资金不足的问题，对于农业生态补偿的顺利实施有着重要的支撑作用。

第三节　完善低碳农业发展的政策保障体系

一、财政政策

2014年中共中央、国务院印发《关于全面深化农村改革加快推进农业现代化的若干意见》明确指出："健全'三农'投入稳定机制。完善财政支农政策，增加'三农'支出。公共财政要坚持把'三农'作为支出重点，中央基建投资继续向'三农'倾斜，优先保证'三农'投入稳定增长。拓宽'三农'投入资金渠道，充分发挥财政资金引导作用，通过贴息、奖励、风险补贴、税费减免等措施，带动金融和社会资金更多投入农业农村"[①]。低碳农业作为现代农业的发展方向，应在财政预算安排中，加大对低碳农业的投入，形成稳定的资金投入机制，逐步建立财政支持低碳农业发展的长效机制。要建立环境保护生态效益国家补偿机制，增加财政补贴力度，同时通过建立生态恢复和环境保护的经济补偿机制，激励农民自愿发展低碳农业；要研究扩大绿色产品消费的补贴政策，促进绿色消费；要建立和完善财政对绿色有机农产品主产区的转移支付制度；继续完善农业保险保费补贴政策，增加农业保险品种，开展农作物制种、渔业、农机保险保费补贴试点。

各级农业部门要积极争取计划、财政等部门的支持，创造条件，设立无公害农产品、绿色食品和有机农产品发展专项资金，用于标准制定、认定认证、基地建设、市场营销和监督检查等。要创新机制，将农业综合开发、技术推广、基地建设、示范园区创建等农产品生产性投资项目实施与无公害农产品、绿色食品和有机农产品发展有机结合起来。新建和在建的各类农产品生产性投资项目，要以标准化生产和发展无公害农产品、绿色食品、有机农产品为项目实施的重要目标和验收的基本条件。鼓励有条件的地方，将获得无公害农产品、绿色食品和有机农产品认证的企业和农户纳入财政支持、奖励范围。要积极将鲜活无公害农产品、绿色食品、有机农产品尽快纳入绿色通道实施范围，减免过桥过路等费用，减轻农民负担，增加农民收入。

通过建立激励引导机制，对一些发展低碳农业必需的重大基础设施项目直接投资或给予一定的补贴支持。利用税收、信贷等优惠手段，鼓励农民、企业使用环保设备和再生资源，实现农业发展与环境保护的协调。设立各种奖惩措施，包括制定各种收费政策，对实施低碳农业发展的企业或个人给予政策优惠或奖金鼓励，对违反低碳农业发展规则的企业或个人予以收费或惩罚，从而引导农民走低碳农业之路。

---

① 关于全面深化农村改革加快推进农业现代化的若干意见 [EB/OL].（2014-01-19）.http://www.gov.cn/jrzg/2014-01/19/content_2570454.htm.

二、税收政策

积极运用税收杠杆鼓励发展低碳农业，如利用激励性税收政策，增大税收的优惠范围等。要考虑加大综合利用"三废"税收减免的范围，对节约和循环综合利用资源实行减免税收和增值税优惠等措施；对农业产品企业用于改进生产流程工艺、进行循环利用的营业所得，可在所得税前抵免；对从事低碳农业投资和生产的农业产品企业实行农业产品减免税，以提高绿色产品的竞争性及提高农业产品企业发展绿色经济的积极性。继续税收优惠政策，对农民专业合作社销售本社成员生产的农业产品，免征增值税，生鲜农产品流通环节税费减免政策；一般纳税人从农民专业合作社购进的免税农业产品，可按13%的扣除率计算抵扣增值税进项税额；合作社向本社成员销售的农膜、种子、种苗、化肥、农药、农机，免征增值税；对农民专业合作社与本社成员签订的农业产品和农业生产资料购销合同，免征印花税。

在用电、用水政策上，对规模化生猪、蔬菜等生产的用水、用电与农业同价；电力部门对粮食烘干机械用电按农业生产用电价格从低执行的政策。

对从事低碳农业技术研发的企业给予一定的所得税减免；完善促进低碳农业技术发展的税收激励政策，对低碳农业技术的研究、开发、引进、转让和使用给予税收方面的优惠。

三、金融政策

（一）金融政策支持的重点领域

用农业政策性金融支持低碳农业发展，重点应支持以下领域。

第一，支持大型低碳农业标准化生产示范基地、低碳农业示范园区、从事生态立体养殖的龙头企业等，建立工农链接、循环增值的深加工产业链，并与观光农业、采摘农业结合，不断推动规模化生产经营，以取得生态效益与经济效益的双赢。

第二，支持有机肥企业，通过对畜禽粪便进行无害化处理，生产环保有机肥，改善农村环境；支持国家推广的测土配方施肥、缓控释肥产品的生产企业，及其配套设备生产企业，促进肥料利用率的提高，减少环境污染。支持农作物秸秆等生物资源的综合利用项目，关注秸秆低碳化利用项目及其技术和设备的研究开发。

第三，支持农村清洁能源建设工程，促进节能减排。支持农村沼气推广工程建设，将生活垃圾、牲畜粪便、作物秸秆发酵成沼气；支持开发农村太阳能、风能工程，减少燃柴、燃气、燃煤等产生的温室气体；支持生物质能源开发工程，利用生物质发电。

第四，支持低碳农业技术的研发和应用，把信贷与科技开发结合起来，支持低碳农业科技成果的推广应用，并通过扶持试验示范基地和龙头企业形成集约化生产，提高效能。

（二）信贷策略

在农业政策性金融支持低碳农业的信贷策略应重点考虑以下方面。

（1）制定绿色低碳农业信贷政策，丰富业务品种

重点支持低碳农业示范基地、沼气工程、生物链工程、环保科研项目、生态环境基础建设、节能减排技术改造项目、生态种植养殖场等。对于符合环境保护、污染治理、节能减排和生态保护要求的绿色企业优先予以信贷支持，提高授信额度，简化审批手续，给予优惠利率等。对不符合环保生产标准、生产废物排放标准的贷款企业实施逐步退出政策。对准备支持的低碳农业项目，要进行严密的评估论证，明确承贷主体，界定还款责任，保证贷款使用的有偿性，加强贷款使用的监督，防止支农资金被挤占挪用，保证信贷资金良性循环。

（2）以市场为导向，扶持低碳农业发展

农业政策性金融必须以国际和国内市场为导向，选择适销对路的绿色低碳循环农产品予以支持，扶持经营效益较好、产品有市场的企业。重点支持科技含量高、发展潜力大、具有一定规模和辐射能力、实现农产品加工增值的大型项目或大型龙头企业，促进农业生产区域化、集约化、专业化，形成规模效益，充分发挥信贷资金的资源调配功能。

（3）积极争取政府的支持，建立风险补偿制度

农业政策性金融在实际工作中要与当地政府协调配合，政府应出台一些鼓励低碳农业发展的优惠措施，如新增清洁农业、循环农业等方面的补贴品种，为农业示范园区、重点低碳农业项目提供贷款贴息，建立起农业风险补偿基金等，共同提高信贷支农资金的使用效益。

四、科技政策

农业的发展一靠政策，二靠科学。美国科学社会学家普赖斯（Price）曾指出：最有意义的发明或研制……不是包含在雷达或原子弹中的技术奥秘，而是产生这些成果的管理系统和一套起作用的政策。为此，制定正确的农业科技政策是实现低碳农业发展的重要举措。要强化政府对农业科技工作的宏观指导，依靠科技创新发展低碳农业。2014 年中共中央、国务院印发《关于全面深化农村改革加快推进农业现代化的若干意见》明确指出："将农业作为财政科技投入优先领域，引导金融信贷、风险投资等进入农业科技创新领域。"要研究制定增加农业科技投入的务实性政策和方法。进一步优化财政支持农业科技发展支出结构，加大对农民技能培训和农业科技推广支出，重点支持农业关键的技术创新项目。理顺各级财政科技支农体制，建立农业科技支出基金，加大对乡镇农业科技支出的转移支付力度。要健全农业科技投入保障制度，保证各级财政对农业科技投入增长幅度高于经常性收入增长幅度，提升农业科技的原始创新能力；引导农业相关企业增加农业科技投入，使之真正成为农业科技投入的主体；鼓励、扶持农业科研单位金融市场，向企业转制，并享受国家给予的科研单位的各项优惠政策；拓宽农业科技投入来源渠道，整合投资项目，建立以风险投资为核心的多元化农业科技投资体系，加强投资监管，提高资金使用效益。鼓励科技人员到农村兴办低碳农业实体，在税收政策上给予一定的优惠。鼓励农业科技人员到农业第一线为低碳农业服务，在经济上给予一定的补助。

第四节　利用碳金融助力低碳农业发展

一、碳金融的产生及概念

（一）碳金融的产生

《京都议定书》最重要的成果是它明确了碳排放的总量目标和分解指标，对各国（主要是发达国家）的温室气体排放量作出了具有法律约束力的定量限制。《京都议定书》还规定了三个灵活机制：联合履约机制（joint implementation,

JI）、清洁发展机制（clean development mechanism，CDM）和国际排放贸易机制（international emission trading，IET）。在《京都议定书》的约束下，每个国家的二氧化碳排放权成为一种稀缺资源，具有了商品的属性。二氧化碳对全球气候影响具有无差异性（不同地区排放的二氧化碳具有相同的增温效果），以及各国进行碳减排的成本不同，碳排放权因此具有了价值，从而在减缓气候变化领域形成了以二氧化碳排放权为交易对象的市场，并直接催生出碳金融市场。2006年世界银行将提供给温室气体减排量购买者的资源定义为碳金融。由此看来，广义的碳金融是指与二氧化碳排放有关的一切经济、金融活动。

（二）碳金融的概念

碳金融是由低碳经济的发展而催生出的一个全新的金融概念。世界银行对碳金融的定义为："碳金融是指向可以购买温室气体减排量的项目提供资源"。[①] 由于其"可以购买温室气体减排量的项目"将碳金融局限于《京都议定书》规定的清洁发展机制（CDM）和联合履约机制（JI），而只有这两个机制才能获得"经核证的减排量"（CERs），因此世界银行对碳金融的定义具有一定的局限性。索尼亚·拉巴特（Sonia Labatt）和罗德尼·怀特（Rodney White）从环境金融的角度出发，认为碳金融是指在碳约束社会下的一种对金融风险与机会的探索，并通过市场机制转移环境风险并实现环境目标。

狭义的碳金融是指各利益主体（包括政府、企业及环境保护组织等）间对温室气体（尤指二氧化碳）的排放权或排放配额进行交易的金融活动；广义的碳金融则是围绕"碳排放"的一切金融活动，既包括碳金融的市场体系和服务体系，也包括财政、金融、监管等各方面的政策支持体系。

二、碳金融助力低碳农业发展的必要性

（一）低碳农业技术研发需要碳金融支持

低碳农业为实现在资源投入减少的情况下提高农业收益，必然会对农业生产技术提出更高要求。低碳农业技术主要包括农村绿色能源技术、新型育种技术、资源综合利用技术、畜禽鱼健康养殖技术、农业生态保护技术、低碳农产品标准

---

① 孙敬水. 计量经济学［M］2版. 北京：清华大学出版社，2009.

化生产和加工技术、农业节能减排技术、节水农业技术、立体农业技术等的研发和推广应用。目前，在我国大部分农村，农业科技研发机构少，创新能力低，科技推广体系不完善，专业型人才缺乏，在短期内自主研发各类低碳农业技术难度大，项目开发的风险高。没有碳金融的相应支持，低碳农业就很难跨越技术难关。

（二）低碳农业产业化要求碳金融跟进

低碳农业必然要求农业的产业化发展。因为农业产业化有利于规模化操作及先进技术的应用和推广，能提高劳动生产率、资本收益率，延长农业产业链条，促进农村经济发展。然而，我国农村目前实行的是家庭联产承包责任制，其分田到户的小规模分散经营与发展低碳农业所需要的规模化经营相背离，且农民的科学文化素质相对较低，不利于低碳农业技术的应用、推广和普及。在此状况下，没有相应的金融支持，很难进行土地制度的改革走农业产业化发展道路，也就很难引起当地政府的足够重视而争取到足够的支持。所以说农业低碳化也离不开农业产业化，农业产业化离不开碳金融的跟进支撑。

（三）低碳农业的发展丰富了碳金融交易的内容

我国是碳排放量最大的发展中国家，清洁发展机制（CDM）项目的最大提供国。农业的温室气体排放量占全国排放总量的17%，是仅次于工业的第二大碳源。我国的碳金融主要包括为碳交易提供流动性，为碳减排项目提供资金支持，碳交易基金、现货、期货、期权交易等，而且多以工业生产的碳排放量为主。随着低碳农业的发展，与农业相关的碳排放交易市场规模会越来越大，最终爆发巨大的市场潜力，为碳金融交易提供新的交易内容和创新更多的衍生品。同时，通过制定碳排放限额，鼓励农民以团体的形式加入碳交易，规范碳交易程序，依靠碳交易市场平台，使交易成本减少，实现资源的优化配置。

三、低碳农业与碳金融良性互动的政策建议

（一）完善制度安排，提高市场运作效率

我国碳金融、低碳农业均处于发展初期，完全依赖市场力量无法保证其高效发展。政府可结合实际情况，制定关于资源节约、循环经济、低碳发展等相关政

策，对资源消耗大、碳排放量大的企业和项目建立约束机制，对积极响应可持续发展的企业和项目采取支持政策，给予适当奖励，大力发展绿色农业，促进碳金融发展。同时，完善相关行业监管机制，鼓励行业设置协会，加大监督力度，注重对参与碳金融市场企业指导，维护市场秩序。

（二）加强相关配置，培育碳金融增长点

一是培育中介机构，为碳金融发展奠定基础。商业银行提供的碳交易中介服务专业性不强，政府可通过税收优惠、财政补贴等方式，吸引专业中介机构在广西设置分支机构，激励本土中介机构发展。二是鼓励专业金融机构创新碳金融交易工具。鼓励和引导金融机构积极主动参与碳金融产品的创新，在中间业务方面协调各方信息撮合交易；在投资方面转变为单一的 CDM 项目投资，延伸至多种金融衍生产品；在理财业务方面多开发与碳排放相关的理财产品等。

（三）健全激励机制，提高市场参与度

我国碳金融市场参与度和交易活跃度不高，企业参与碳金融市场意愿不足。政府可适时推出激励措施，如向参与碳金融市场的企业提供税收优惠；对处于转型期的企业给予适当宽松的政策，帮助企业平稳度过转型期；向参与碳金融市场的企业提供优惠的信贷政策；对正处于观望状态的企业，加大专业性指导，提高企业参与碳金融市场意愿。银行机构应加大对碳金融的供给，积极参与碳金融市场的具体交易，设立专门负责推进碳金融发展的部门，培养专业人才，扩展碳信贷业务。

第五节　构建有利于低碳农业发展的机制体制

一、建立城乡资源、物质和能量的良性循环机制

结合当前现代农业发展，"肥"不仅包括有机肥、无机肥、复混肥等常规肥料，还包括已广泛应用于农业生产的缓控释肥、二氧化碳气肥、生物激素、昆虫媒介等投入物质。

当前国内农业施肥上的最大问题是有机肥施用不足。我国农业自古以来十分重视施用有机肥，以人畜粪便为主。然而时至今日，城镇高楼拔地而起，抽水马

桶进家来，现代化发展将最大的有机肥源是城市居民的粪便，大部分通过化粪池，再经由下水道而滚滚倾泻到江河之中。农家肥也出现了新问题，一些地方在新农村建设中统一规划农民居住社区，按城镇居民的样式建房，建了化粪池，铺了水泥路，还要求安装自来水。农民虽然住进了新房，却一脸的尴尬：养鸡、养猪既没有场地，无处养，又臭气满屋，没法养。如果这样的新农村建设在全国范围内大面积推广，大家都这样搞，农村人口的排泄物也都浩浩荡荡地排入江河，到时候治理农村污染问题又要成为"头等大事"了。"庄稼一枝花，全靠肥当家"，现在农家肥基本没有了，改良土壤的事没人也没有办法做了。改革开放几十年来，我国耕地肥力出现明显下降，全国土壤有机质平均不到1%。

通过发展农牧结合农业，利用秸秆与畜禽粪便生产沼气（目前规模化养殖场已建沼气池的仅约30%），加上秸秆粉碎还田等措施，我国农业年产5亿多吨粮食和6亿多吨秸秆中估计最多也只有1/3左右的实物量实现了还田。而且消化这部分粮食、秸秆等生物资源的畜禽充其量仅是个初级生产者，这部分生物资源仅仅完成了由"农业生物质→畜禽→粪便→沼气等有机肥→农田→粮食与秸秆"的物质能量小循环。由于畜禽肉、粮食要从这一小循环中游离出来，满足城乡居民这一占据食物链最高端的终极消费者的消费需求，这使得参与"畜禽肉与粮食→城乡居民终极消费→人类粪便→污水处理厂→污泥"大循环的物质能量能够返田的寥寥无几，所以最终我国农业年产5亿多吨粮食、6亿多吨秸秆的生物学产量中返田的实物量占比肯定小于1/3。这就产生了一个严重的问题：本应当进入农田的农家肥或生物资源流入了江河，既造成了污染，又浪费了生物资源；而农地肥力下降需要增施化肥，我国2011年使用了5700多万吨化肥，需要动用数亿吨石油与煤炭来生产，这既造成农地化学污染，又浪费了大量石化能源；而大建城市污水处理厂又会产生新的资源、能源损耗。当前既然各方都重视节能减排，大力发展循环经济，当务之急就是要扭转有机肥源在城与乡、环境与农田、污染与资源间的不当循环，重新理顺有利于人类生存与繁衍、有利于经济可持续发展的良性的有机肥源城乡大循环。不解决这一根本问题，其他方法只能是治标不治本，扭转不了我国耕地基础肥力下降的长期趋势，也必然会对保障我国粮食安全造成负面影响。

应将建立城乡资源、物质和能量的良性循环机制，作为我国发展低碳农业的根本性、长远性的战略措施来考虑。因为，只有最大限度地将现有的人畜粪便等有机肥资源利用起来，才能够减少越来越多用于化肥、农药生产的化石能源投入，也才能够减少大建污水处理厂引起的不必要的资源、能源损耗，最终促使高碳农业向低碳农业转化。首先，要抓好大中城市工业排泄物的源头治理，必须"一厂一策""一业一策"，采取工业企业集中进园区的办法，在城市实现下水系统雨污分离的基础上，进一步分离工业废水和生活污水，切断有害重金属通过下水道进入污水处理厂或淤泥的途径，这样大城市的沼渣、沼液甚至粪便就能够间接或直接还田，污泥也不必被焚烧或填埋，可以用来生产有机肥。其次，应努力实现生活垃圾的分类回收，其中生物垃圾可以用来作为有机肥源。最后，在分离工业废水和生活污水的基础上，选择合适生活的小区试验灰（水）白（水）分离和沼气进城。可以充分利用市场化手段，采取政府补助的办法吸引企业进入治污市场。对治污企业来说，分离出有害物质的粪便、垃圾和污泥都是最好的原料，可以用来生产沼气、沼渣和沼液，然后将其作为燃料和有机肥、生物农药出售。沼渣、沼液是很好的有机肥料和有机农药，不仅栽培出来的农产品非常可口，还可以起到改良土壤、防治病虫害的目的。此外，实现生活小区灰（水）白（水）分离还可以切断氮磷进入下水系统及流入江河的通道。在安徽巢湖流域，引起水体污染的主要原因是氮磷超标，本质上则是城乡物质、能量转换的大循环受阻，构成农作物营养的氮、磷在经过人类和畜禽消化后没有回归自然循环。而当前的水污染治理，没有从资源利用的角度来考虑，更没有从城乡物质循环受阻来考虑，基本上是为治污而治污，是高成本治污而不是低成本治污，是恶性循环式治污而不是良性循环式治污。要彻底解决我国城镇的水污染，必须改变治污策略，坚持统筹城乡、统筹人与自然和谐发展，把治标与治本结合起来，标本兼治，从全社会物质和能量大循环的角度来看待人畜粪便、垃圾和污染物的治理，努力构建资源节约型、环境友好型社会。

二、建立低碳农产品市场体系

在低碳农产品的推广阶段，由于采用先进技术而使其生产成本提高，产品价格上涨，人们不愿意承担高价购买这类产品。这说明，低碳农产品市场发育不够成熟，低碳农业尚未形成气候。而低碳农业发展成功与否，其良好的经济收益需要市场来实现。为此，必须形成有利于低碳农业发展的农产品市场体系。

一是在消费环节上倡导低碳消费。低碳消费以节约自然资源和减少环境污染为基本特征，意味着人们更多地消费未被污染或有助于健康的产品；对消费废弃物进行无害化处理，减少消费环节对环境的污染；注重资源节约和环境友好。要引导人们树立崇尚健康、安全消费的观念，引导消费潮流，形成低碳消费的社会风尚，引导农业生产的低碳化。与此同时，在消费环境方面还需要政府给予支持。政府可以通过采购低碳农产品来支持其销售，还可以对购买此类农产品的消费者给予奖励，或者通过补贴生产厂家，使其适当降低低碳农产品的价格。消费需求往往能够带动生产者的生产动力，这样就能够促进低碳农产品的迅速发展。

二是加强低碳农产品市场培育和监测。在农产品市场上，建立完善的农产品质量监测体系，加强农产品质量安全监测，完善和严格实施有机农产品认证和标识制度，帮助广大消费者正确快速地识别有机农产品，树立广大群众对消费有机、绿色农产品的信任。对使用有毒有害材料加工生产食品的企业，工商部门要加大处罚力度。

三是实施低碳农产品品牌战略。扶持大型低碳农业企业，创建区域低碳农业品牌。加强低碳农业资源开发、低碳农产品基地建设、低碳农业科技研发、低碳营销网络拓展等，形成完整的符合国际标准的产、供、销、研一条龙的低碳农业产业链，创建符合国际绿色标准、具有市场竞争力的低碳农业品牌。农业部门要制定出台优惠政策，把"三品"认证作为产业化龙头企业评审、名牌农产品评定的重要条件，把"三品"产地认证作为农业综合开发、现代农业及标准化示范区、优势农产品产业带建设的一项重要内容，将其作为种植、养殖和市场开发等农业项目申报评定中的必要条件，引导低碳农业健康发展。但目前存在"三品"认证费用及门槛过高等问题，如有机农产品认证每年需要2万元，而且是一年一办，实力弱的农业企业和专业合作社根本无法承受。为了培育和开拓低碳农产品市场，调动各方发展低碳农业的积极性，政府部门应当采取措施将高昂的认证费用和过高的门槛降下来。

三、建立碳交易市场和碳汇交易机制

碳交易是《京都议定书》中规定的清洁发展机制（CDM）下应运而生的一种

减排措施，目前被多个国家和地区所采用。国际市场上已开展了几种碳交易活动，碳交易市场正在不断地发展和完善。我国作为碳排放量交易重要的卖方市场之一，却面临着碳汇项目开发不足、卖价远低于国际价格的尴尬，这固然有地方政府重视不够等原因，但更重要的原因是缺乏一个碳交易市场平台，没有建立碳汇交易机制，无法为买卖双方提供充分的供求信息，降低交易成本，实现公平合理定价。因此，各级政府应该重视研究搭建碳交易平台，使碳排放配额可以在该交易平台上公开出售，促进碳汇经济的发展。学会善于把森林碳汇、沼气项目、农村畜禽粪便资源化处理项目等包装成 CDM 项目，推荐到碳交易市场上进行碳汇交易，以吸收国际资金和技术，促进低碳农业发展。此外，还要注意建立利益联结机制，利用农民专业合作经济组织，以订单的形式，搭建农业碳汇项目交易主体——农户、公司参与国际碳交易市场的桥梁，农民专业合作经济组织签订碳汇项目订单后，要通过利益共享机制对碳交易获取的直接利益进行一次或二次分配，确保农民的收益，提高农民参与农业碳汇项目的积极性。

四、建立绿色 GDP 考核制度

以前政绩考核指标多为 GDP 等经济硬指标，忽视了环境成本，现今必须改革政绩考核指标体系，制定一套能够兼顾经济增长与能源环境的新的考核指标体系，推行绿色 GDP 考核制度。绿色 GDP 是指一个国家或地区在考虑了自然资源（主要包括土地、森林、矿产、水和海洋）与环境因素（包括生态环境、自然环境、人文环境等）影响之后经济活动的最终成果，即将经济活动中所付出的资源耗减成本和环境降级成本从 GDP 中予以扣除。建立绿色 GDP 考核机制，可有效控制个别地方政府因过分强调政绩而不顾生态效益、一味追求短期利益的行为，有利于促进低碳农业的发展。

参考文献

[1] 曾枝柳.广西低碳农业建设研究 [M].南宁：广西人民出版社，2017.

[2] 张令玉.生物低碳农业高价值创新的低碳农业革命 [M].北京：中国经济出版社，2010.

[3] 张新民，王方舟，秦春红.河南省低碳农业发展战略研究 [M].北京：北京理工大学出版社，2012.

[4] 上海财经大学现代都市农业经济研究中心编.中国都市农业发展报告：2011低碳经济时代的都市农业 [M].上海：上海财经大学出版社，2011.

[5] 范纯增.技术、制度与低碳农业发展 [M].上海：上海财经大学出版社，2021.

[6] 李晓燕.低碳农业发展研究以四川为例 [M].北京：经济科学出版社，2010.

[7] 陈旭峰.低碳发展论丛低碳农业论 [M].北京：中国环境科学出版社，2015.

[8] 新能源与低碳行动课题组主编.低碳经济与农业发展思考 [M].北京：中国时代经济出版社，2011.

[9] 李劲松，李林杰，王瑛.GPSE 低碳高值化发展方法学以江门都市农业、食品加工业与广东面源污染治理项目为例 [M].北京：中国环境科学出版社，2013.

[10] 漆雁斌，王刚.农业低碳发展机制、困境、模式与制度设计 [M].北京：中国农业出版社，2013.

[11] 方博，谢卓言，孙芳."双碳"目标背景下冀西北地区低碳农业发展策略 [J].河北北方学院学报（自然科学版），2021，37（9）：50-57.

[12] 骆世明.基于控制论的农业低碳发展方略 [J].中国生态农业学报（中英义），2022，30（4）：495-499.

[13] 刘明明，雷锦锋.我国农业实现碳中和的法制保障研究 [J].广西社会科学，2021（9）：30-38.

[14] 王英杰.低碳经济背景下农业机械化发展的有效路径 [J].农机使用与维修，2021（9）：27-28.

[15] 王莉.低碳经济理念下农业国际贸易发展策略分析 [J].农村经济与科技，2021，32（16）：135-137.

[16] 王春荣，吴磊.基于供给侧改革的安徽省低碳农业发展思路 [J].山西能源学院学报，2021，34（4）：57-59.

[17] 赵锦芳.低碳农业经济理论与实现模式探究 [J].山西农经，2021（15）：127-128.

[18] 于奎伟.低碳经济时代转变农业经济发展方式探析 [J].中国乡镇企业会计，2021（08）：9-10.

[19] 宫润霞.低碳高效农业技术的应用方式探讨 [J].种子科技，2021，39（13）：123-124.

[20] 杨建芹.低碳经济与转变农业经济发展方式 [J].商业文化，2021（18）：96-97.

[21] 欧霞.新疆棉农施肥行为及低碳施肥意愿影响因素研究 [D].阿拉尔：塔里木大学，2022.

[22] 胡超.广西农业经济增长、农业产业集聚与农业碳排放关系研究 [D].桂林：广西师范大学，2022.

[23] 刘金丹.技术进步与效率追赶对我国农业碳排放的影响研究 [D].贵阳：贵州大学，2022.

[24] 李鸿飞.江苏省低碳农业发展水平评价与对策研究 [D].合肥：安徽农业大学，2022.

[25] 徐子悦.安徽省农业碳排放效率测算及分析 [D].合肥：安徽农业大学，2022.

[26] 栗惠澶.山西省农业碳效应时空分异及碳补偿潜力研究 [D].太原：山西财经大学，2022.

[27] 诸佳风.农业综合开发对农业碳排放的影响 [D].舟山：浙江海洋大学，2022.

[28] 彭良泽.双碳背景下湖北省低碳农业发展策略研究 [D].武汉：武汉轻工大学，2022.

[29] 邓悦.农业绿色技术进步对碳排放影响研究 [D].咸阳：西北农林科技大学，2022.

[30] 王颖.武汉市国土空间碳排放时空演变及情景模拟研究 [D].武汉：中国地质大学，2022.